喜び・讃美・感謝の威力 第二巻

次元上昇し今
光と化している地球

あなたは
溺《おぼ》れて
いませんね！

知抄 著

2013年5月5日　サロン（2.0 1）講座にて
知抄の光〈十字の光・吾等〉降臨

2013. 5. 5

アカデミー教室に降下した知抄の光

2013. 5.26

2013. 5.26

2013. 5.26

2013. 5.26

2013. 8.25

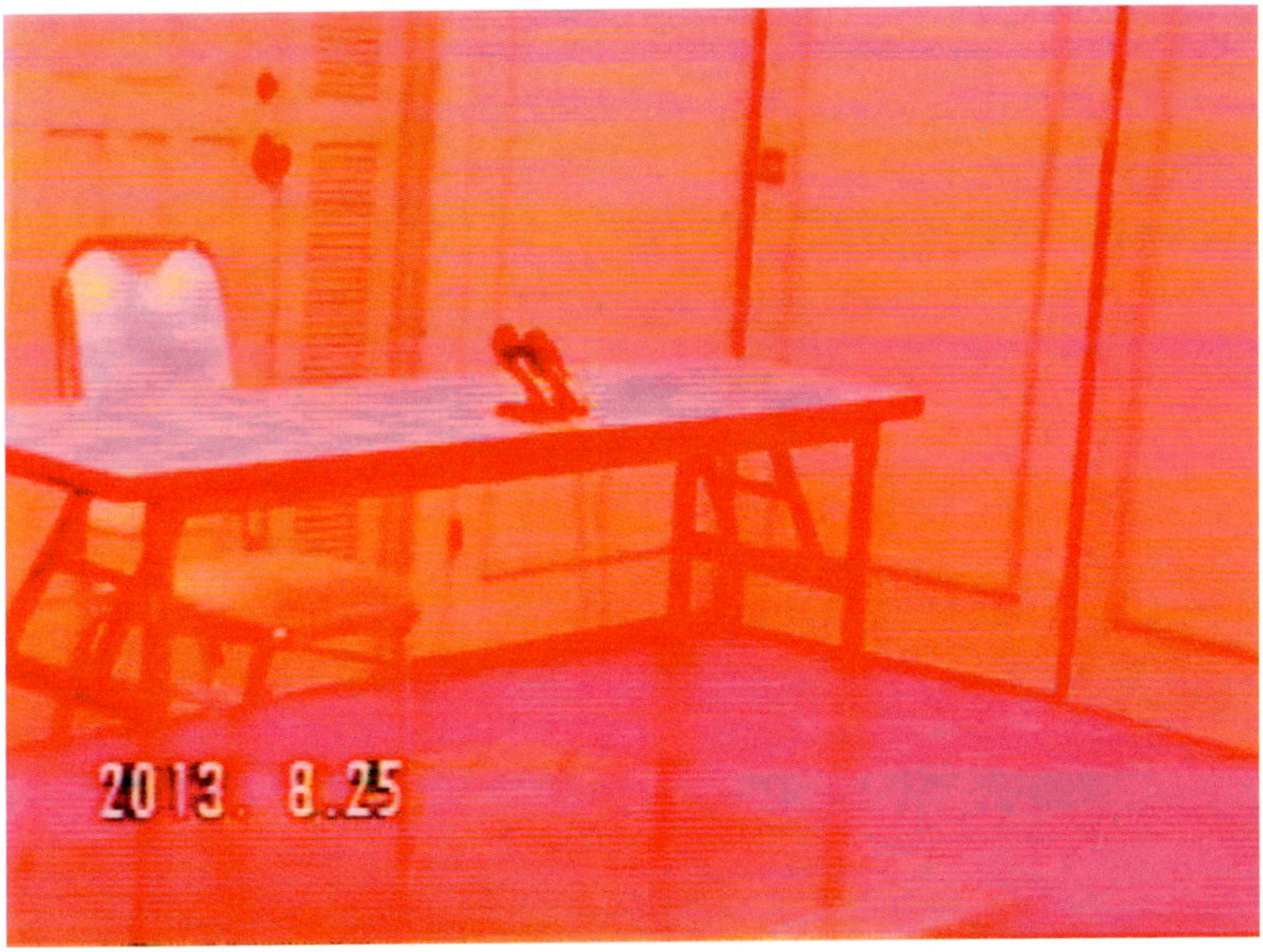
2013. 8.25

光の源《みなもと》の
地球を救う大計画

それは
地球を人類を
光と化した
地球へと誘《いざな》い

喜びと　讃美と
感謝に　満ちる
光《ひかり》生《せい》命《めい》体《たい》としての
再生と
その生きざまの
新生を
推進するものです

光と化した地球への道しるべ

《 智超法秘伝 》

④ 光　呼　吸　♥(1995年　受託)

5．闇　を　切　る　術《すべ》　(1995年　受託)

6．喜び・讃美・感謝の動・静功　(1996年　受託)

7．光人に変身する術《すべ》　(2000年　受託)

⑧ 幸せを呼ぶ　数え宇多《うた》　♥(2000年　受託)

9．知《ち》　光《こう》　浴《よく》　(瞑想)　(2000年　受託)

10．言《こと》　の　葉《は》　瞑　想　(2001年　受託)

11．光生命体に成る術《すべ》　(2015年　受託)

⑫ 再《さい》　生《せい》　の　術《すべ》　♥(2018年　受託)

魂の光輝への道しるべ

≪ 智超法秘伝 ≫

1. 智 超 法 気 功　　(1989年　受託)

(1) 準　備　功　10式
(2) 智　超　法　気　功　3式
(3) 智　超　法　気　功　5式
(4) 智　超　法　気　功　8式
(5) 智　超　法　気　功　10式

2. 気 功 瞑 想 法　　(1989年　受託)

(1) 初　級
(2) 中　級
(3) 上　級
(4) 天目開眼功法

3. 気 功 の 秘《ひつ》 音《いん》　　(1990年)

知抄の光からのメッセージ

永遠《とわ》の旅路

人間は　死のベールをくぐり
肉体より解放されようとも
魂は　変わらず

死のベールを　超えた後
光の道を歩む覚悟がなくば
魂に　進歩に
どれ程の　障害があるか

知らぬのである

今世で　光を目指す熱き思い

光と共《とも》に歩む　確信を持つ者

大いなる　人間進化へ

あるべき姿への

歩みとなるのである

その決断は　自らが　自由意思にて

今の旅路の　地点に於《お》いて

決めることである

喜び・讃美・感謝の威力 第二巻

次元上昇し 今
光と化している地球

あなたは溺《おぼ》れていませんね！

はじめの言葉《ことは》

地球の変動・変革って何だろう!!

皆さんには、まだ理解出来ていないと思います。
次元が上昇し
地球が光と化しているから、云々と申し上げたとしても
――　アッ、そうなの　――
で、聞き流しておしまいでしょう。
地球に住む地球人は、今迄《いままで》もそうでしたが、地球生命体については、全く無関心です。

しかし、理論・理屈・政策・計画 等々……。

人間が三次元の思考を巡《めぐ》らせても、大自然の猛威《もうい》、光の源《みなもと》の御意思を、そして、その計画を止めることは出来ません。

——時、来たり——

遂《つい》に、人類が新しい地球の入口に立ったことを認識しなければ、光と化した地球では、一歩も前へ進めなくなりました。

——何で？

とまた、人間は頭で捉《とら》えようと努力されるでしょう。光と化した地球に住まわせて頂きたいなら、宇宙意識（魂の光）を顕現《けんげん》しなければ、光と化した地球に、適応出来なくなっているのです。

——そんなハズはない——

と、反論するのは自由です。誰も、今迄《いままで》通りに地球に住んで居ることを批判も咎《とが》めだても致しません。しかし、地球の変容に、順《じゅん》応《のう》出来るか否かは、これから各人が、自己責任として、その結果を背負わねばなりません。

日本列島を見渡せば、これでもか、これでもかと、荒れ狂う大自然の猛威を前に、今迄《いままで》の既成概念《きせいがいねん》が全く通用しないことを、少しずつ学びとして体験させて頂いていることが、鮮明になって来ていることに、気付き始めたお方もおられます。

政治も経済も、すべての社会構造が、刻々《こくこく》と変容しているのは、悠久《ゆうきゅう》の地球の歴史の中で、今、地球が光と化し、次元上昇し、その中で地球人が、如何《いか》に共存出来るかの、自らの存亡を掛けた、選択の、

―― 待った無しの、今 ――

を、迎えているからです。

地球を救い人類を救う為に、多くの先達者が、生命《いのち》を賭《と》して今日迄闇《やみ》と戦って来ました。しかし、地球の存亡・人類の存亡の危機は、彼《か》の者達によっても、達成できず、今、その最中に、何人《なんぴと》も例外なく、在《あ》ります。

生きとし、生けるもの、万物の根源、光の源《みなもと》の、地球を光と化す大計画は、今日まで連綿《れんめん》と続き、今、光の源《みなもと》・創造界より、知抄の光が実在として地上に、地球を救い、人類を救う為に顕現《けんげん》されています。

数億劫年前《ごうねんさき》より、地球を光と化す 光の源《みなもと》の地球人類の進化への御計画は、知の巨人と称えられる、エマヌエル・スウェーデンボルグ氏をはじめとして、自動書記の能力を受託され へベールの彼方《かなた》の生活〉を地上にもたらした、G・V・オーエン氏等によって、今日迄続いています。

――二〇一八年七月十一日（正午）

地球に大変革が起こりました。

この事実を、本文より汲《く》み取り、地球丸ごとの大変革を共《とも》に歩める術《すべ》を身に修め、各人の旅路による活路を、見い出して頂きたいと願います。

私は、二十八年間、カルチャースクールの、スポーツ教室で、魂の光輝《こうき》への道しるべ、智超法秘伝《ちちょうほうひでん》による宇宙意識への覚醒《かくせい》を目的とした、〈智超教室《ちちょうきょうしつ》〉を、開講して参りました。

魂の光輝《こうき》は、光の源《みなもと》への、永遠《とわ》に続く光の道です。地球が次元上昇し、光と化した今、光の源《みなもと》直系の御使者として、創造界・生《い》命《のち》の源から降臨《こうりん》されている、実在する知抄の光の威力を、認識され、如何《いか》に各人各様が受け止めるかによって、光と化した地球への共存を、可能に出来ることでしょう。

皆様の、新たなる再生《さいせい》の糧《かて》となれば幸いです。

二〇一八年 九月 八日

知 抄

☆ 救い主（地球を救い・人類を救うの意味）や、

☆ 知抄の名称は

光の源《みなもと》より賜《たまわ》ったものです。

目次——喜び・讃美・感謝の威力　第二巻

☆　知抄の光からのメッセージ
永遠《とわ》の旅路

はじめの言葉《ことは》

第一部　光と化した地球への共存

♡1

光と化した地球
それは　光生命体《ひかりせいめいたい》で生きることです

♡2 光生命体《ひかりせいめいたい》への変身
智超法秘伝《ちちょうほうひでん》 ☆ 再生の術《すべ》 ☆

♡3 光と化した
地球への適応

♡4 今 起こっている
地上の変革は？

5

光と化した地球

☆地球の生き様《ざま》☆

6

二〇一八年七月七日

〈あなた溺《おぼ》れていませんか？〉

セミナーを終えて

7

二〇一八年七月十一日

救い主降臨《こうりん》の日

⑧ 二〇一八年七月十一日
地球人類の新生《しんせい》なる

第二部　実在する
知抄の光の威力《いりょく》／73

(1) 地震お見舞い御礼
二〇一八年六月十八日

（2）

セミナー御礼

二〇一八年七月八日

（3）

魂の光と心が
一つに成《な》った感覚

二〇一八年七月十四日

（4）

カルマを超えた娘
（難病）筋萎縮症《きんいしゅくしょう》に新薬

二〇一八年七月二十二日

（5）

光と共にあれば
活力満ちる

二〇一八年七月二十五日

（6）

知抄の光にゆだね
ヒラメキで行動したら……

二〇一八年八月三日

（7）

あきらめていた聴力
七十九歳　耳が聞こえる!!

二〇一八年八月八日

（8）

六〇歳の還暦《かんれき》を迎えて

二〇一八年八月十八日

（9）

知抄の光の威力
九十九歳の義母《はは》よみがえる

二〇一八年八月十八日

（10）

届け　光の源《みなもと》へ
智超法秘伝《ちちょうほうひでん》〈雄叫《おたけ》び〉の威力

二〇一八年八月十八日

(11)

八月二十二日水曜日
サロン（二〇一）にて
二〇一八年八月二十二日

(12)

ゆだんは　大敵
熱中症になっちゃった
二〇一八年八月二十五日

(13)

実在する
知抄の光の威力
二〇一八年八月二十九日

(14)

ありがとうございます
おいしいコーヒーをどうぞ！
二〇一八年八月三〇日

(15)

七十七歳の母
元気に若返る
二〇一八年八月三十一日

(16)

知抄の光に
不可能の概《がい》念《ねん》なし！
二〇一八年八月三十一日

(17)

光の地球
それは　自力救済でした
二〇一八年八月三十一日

☆

知抄の光からのメッセージ
新たなる闇《やみ》

第三部　地球の新《しん》生《せい》／169

☆知抄の光からのメッセージ

知　抄　の　光

◇1◇

二〇一八年七月十一日は

知抄の光が降臨《こうりん》された記念日です

二〇一八年七月十三日

◇2◇

七月七日のセミナーから

光と化した　地球が判《わか》る！

二〇一八年八月五日

◇3◇

喜び・讃美・感謝に満ちる
光の地球に住まわせて頂いています

二〇一八年 八月 十六日

◇4◇

本当にびっくり!!
感謝・讃美・喜び　暴発《ぼうはつ》？

二〇一八年 八月 十九日

◇5◇

二〇一八年 八月 二十二日・水曜日
大きく飛躍した　地球を感知！

二〇一八年 八月 二十二日

◇6◇

地球の変革の中では
人間の思考も既成概念《きせいがいねん》も通用しない
二〇一八年八月二十五日

◇7◇

七月十一日の正午（十二時）
地球は変わりました
二〇一八年八月二十七日

☆

知抄の光からのメッセージ
自力救済

あとの言葉《ことは》

第一部
光と化した地球への共存

1 光と化した地球 それは光生命体《ひかりせいめいたい》で生きることです

私は今も時折《ときおり》、十歳頃の夏休みに、西伊豆の海水浴場で救助された時のことを、鮮明に思い出すことがあります。子供用の小さなボートで沖近くまで出てしまい、そこでひっくり返ったのです。

しかし、浮かんでいることと、立ち泳ぎだけは出来るように成《な》っていたので、少しの不安も無く、怖くありませんでした。

ただ〈**如何《いか》したものか**〉と、子供ながらに考えを巡《めぐ》らせていました。

そのうちに、監視員《かんしいん》の青年が助けに来てくれたのです。

私は、助けが現《あらわ》れたことで、少しほっとはしたものの、全く何もなく、のん気なものでした。救助のされ方も学校で習って知っていたので、暴《あば》れたり、しがみついたりせず、とにかく体の何処《どこ》にも力が入らないように、フワッとして、全てをあるがままにゆだねていました。

救助の青年の腕が、軽く私のアゴを支え、見事な泳ぎで海岸へ向かい始めると、見えるものは真っ青な空と、白い雲と、高いところを飛ぶ鳥の姿でした。その時、

——これがもっと続くといいな

と、嬉しくて、幸せな気分を満喫《まんきつ》していました。

海の中では、全く気楽におれたのですが、海岸に着くや、一気に体重が戻って来ました。重くなった身体は、自力で起き上がる

には大変きついものでした。先程までの〈依存心《いぞんしん》〉を捨て去り、自立して、自分で歩かねばならないことを、子供心で確《しか》と受け止めた、〈**自己責任**〉の学びの日でした。

このような昔の体験を、今、光生命体《ひかりせいめいたい》になる為に、智超法秘伝《ちちょうほうひでん》を駆使《くし》し、〈**光へ行きつ戻りつ**〉しながら、急に人間界に戻ると、即、光の地球で溺《おぼ》れていることを、オーバーラップして気付かされるのでした。

光の源《みなもと》の大計画、Part4の七頁に、公表されているメッセージでは、

――**魂に内在する光に気付き**
　　その光を　実在として

共に　歩む者

――真に光を求めし者だけが

渡れる河《かわ》である

と、示されています。

人間は、常に、光の源《みなもと》直系の御使者、地球を救い、人類を救う、知抄の光の威力によって、魂の光を解放して頂かねば、どんなに三次元の人間が、あらゆる修行を課して努力しても、光生命体《ひかりせいめいたい》にはなれません。光の地球で、〈常に溺《おぼ》れている〉私達三次元に居る人間は、

――知抄の光　溺《おぼ》れている私をお助けください

との思いで、真摯《しんし》に助けを求めることで、光へと引き上げられる

のです。

常に　真に光を求め

光への熱き思いで

我が魂に　知抄の光を掲《かか》げ

――救い主　知抄の光

暗黒の地球をお救いください

と、魂の光（本当の自分）が、自由に羽ばたくまで、全てを投げ出すだけです。それは、何もかも、知抄の光に〈依存《いぞん》する〉ことではありません。

全てを　知抄の光に

ゆだねて
自らが人間を超える
智超法秘伝《ちちょうほうひでん》を　実践し
光そのものになるのです

私達人間は、〈**知抄の光にゆだねる**〉ことが出来ず、知抄の光に丸投げし、〈**依存心**《いぞんしん》〉だけで、光そのものになったつもりになり、自《みずか》らは、三次元の肉体の中で、実行・実践している錯覚《さっかく》の中で甘んじています。それも、光の河で溺《おぼ》れていることすら、全く気付くことがないのです。

知抄の光に全てを〈**ゆだね**〉て、助けを請《こ》う決断をすると、今の光と化した地球では、〈**瞬間で光へと引き上げて頂けるので**

す〉そして、喜びと讃美と感謝に満ちる、知抄の光の威力の帳《とばり》の中に、自然体で居れるのです。少しも難しいことではないのです。

〈**光と化した地球**〉では、全てが、美しく、気高く、全てが、至純至高《しじゅんしこう》なるものとして、一切の世俗のざわめきは、遥《はる》か遠くへ退《しりぞ》きます。そして、光からの英知を、インスピレーションで受けとめ、これを、言動として具現化し、新しい地球の生きざまを体得しながら、光と共《とも》に歩むのです。

人間でありながら、〈**光そのもの**〉として再生し、光生命体《ひかりせいめいたい》として、この地球に共存することは、〈**精神と魂の光が一体となり**〉、喜びと讃美と感謝の威力の中で、過ごすことになるのです。そして、新しい光と化した地球に適応して、日常の生活がなされて行くのです。日々、目の前の変わり行く社会の事象も、光と共《とも》にあれば、全て何の不安も、心配もなく、〈ゆだねる〉ことで、良い方へと自然に導かれるのです。

光の河を渡るとは、光と化した地球を、自分の自由意思で、常に、光生命体として、魂の光を、顕現《けんげん》し輝くことです。

今こそ、他人ごとでなく、自らの存亡をかけて、人間とは、〈**光そのもの**〉である、本来の姿に戻りましょう。

二〇一八年七月七日

（O・H）記

☆この内容は

二〇一八年七月七日　岩間ホールで開催された

光と化した地球

〟あなた溺《おぼ》れていませんか？〟

セミナーでの抜粋です。

2

光《ひかり》生《せい》命《めい》体《たい》への変身

智《ち》超《ちょう》法《ほう》秘《ひ》伝《でん》

☆再《さい》生《せい》の術《すべ》☆

これは　肉体マントを

光のマントに

変える秘伝です

☆光の源の大計画シリーズPart 5
幸せを呼ぶ〈数《かず》え宇《う》多《た》〉を
併読されますよう。

但し、この術《すべ》は
――第一巻を読了し
〈光《ひかり》呼《こ》吸《きゅう》〉を
体得していること
が望ましい――

☆幸せを呼ぶ〈数《かず》え宇《う》多《た》〉を
実践されているお方も可。

喜び・讃美・感謝の威力 第一巻

次元上昇し 今
光と化している地球

あなたなら
どう生きる？

知抄 著

本がきらいな人でも
読まなければならない本

たま出版

この第一巻を読了し
光と化した地球の歩みを
真摯《しんし》に受け止め
智超法秘伝
―光《ひかり》呼《こ》吸《きゅう》を―
実行実践しているお方は
次なる進化への
術《すべ》を体得できます

☆第一巻のＰ 32 ～をお読みいただき必ず
〈光呼吸《ひかりこきゅう》〉を身に修めましょう。

智《ち》超《ちょう》法《ほう》秘《ひ》伝《でん》

☆再《さい》生《せい》の術《すべ》☆

①

〈左目の再生〉

左目の奥へ

奥へ　奥へと

意識を進めます

☆目を閉じて何度でも繰り返します。
知抄の光・知抄の光・知抄の光――と。

明るい光が
見える処《ところ》 まで
知抄の光に
すべてを ゆだね、、、
ゆだね、、、 ゆだねて
進みます

☆暗黒の地球をお救い下さい——と。
暗黒の地球とは、小宇宙である自分です。

光《ひかり》生《せい》命《めい》体《たい》としての
再生をかけて
肉体マントを
光のマントに
変えるのです

☆地球存亡・人類存亡をかけて
地上に在る 知抄の光にゆだねる。

——☆努力する
必死でする——
これは、、、
ゆだねる　ことを
妨《さまた》げるだけ!!

☆これは人間の範疇《はんちゅう》です。
光でないところに連れて行かれる。

②

☆右目の再生☆

右目の奥へ
奥へ　奥へと
意識を進めます

☆目を閉じて何度も繰り返します。
知抄の光を魂に掲《かか》げる。

―知抄の光に
ゆだね
ゆだね、ゆだねて
光が見えるまで
進みます―

☆ゆだねることで、真《ま》っ新《さら》な白紙の心にして頂けます。（**思考は厳禁《げんきん》**）

③

☆両目の再生☆

右目・左目に
意識を置き
奥へ　奥へと
光を求め　求めて
熱き思いで
突《つ》き進みます

☆光の源、目指し、喜びと讃美と感謝で
知抄の光の威力を頂けるまで近づきます。

―喜び・讃美・感謝スーレ
知抄の光・知抄の光
知抄の光
暗黒の地球を
お救い下さい―
この☆雄叫《おたけ》びを
光の源《みなもと》へ届けます

☆雄叫《おたけ》びは声を出しても出さなくても可。
熱き思いあれば無言でも届きます。

光と化した地球
常に　魂の光が
自由に羽ばたき
☆心と魂の光が
常にひとつに在《あ》る

☆肉体の心と 魂の本性《ほんせい》の光が
一致することで 光生命体に成《な》る。

―緊張感　不安感　恐怖感
猜疑心《さいぎしん》　敵対心等の
　負《ふ》の感情を
すべて　焼《や》き尽《つ》くし―
喜びと　讃美と
　感謝に満ちる
知抄の光の威力を享受《きょうじゅ》します

3
光と化した地球への適《てき》応《おう》

☆人間とは
本来
光そのものです☆

光と化した地球は
——魂の☆本性《ほんせい》の光が
地上に顕現《けんげん》され
すべてにおいて
主役となります——

☆本性の光とは魂の光（真我《しんが》）・
本当の自分です。

♡4 今起こっている地上の変革《へんかく》は？

☆光の源《みなもと》の光の大計画による光と化した地球へすべてを引き上げる為です☆

☆光のリズムに従いて来られず
光の河で溺れている者多し。

この事実を
　どう受け止め
　対処《たいしょ》するかは
——各人の
　自由意思による
選択に
ゆだねられています
——

☆試練を宝とするよりも それに
打ち勝つ術《すべ》を体得されたし。

♡5

光と化した☆地球の生き様《ざま》☆

それは

☆光の目で☆見る

☆光の足で☆歩む

☆光の耳で☆聞く

すべてを
―光に
ゆだねきり
至純《しじゅん》至高《しこう》なる
光の御意思を
顕現《けんげん》した
☆新生《しんせい》です―

☆光の地球の新人類として 光生命体で生きる、新たなる歩みです。

♡6 二〇一八年 七月 七日
〈あなた溺《おぼ》れていませんか？〉
セミナーを終えて

七月七日、岩間ホールで開催された、前代未聞《みもん》の素晴らしいセミナーを、無事に受講させて頂きまして、本当に有難うございました。

四月二十九日に開催されたセミナー後から、刻一刻《こくいっこく》と、地球が光を増して、

「**凄《すご》い事が起こる！**」と、光人《ヒカリビト》からお聞きしてはおりましたが、七月六日、セミナー前日、本当に次々と、マスコミを賑《にぎ》わす事象

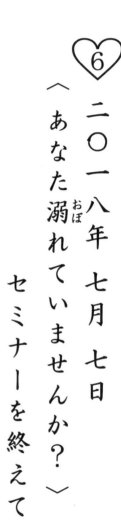

が良きにつけ、悪しきにつけて、起こり、仰《おっしゃ》ったことの、前触れと受け止めました。

そして、七夕《たなばた》の当日、関西方面からの参加者も豪雨の中を到着され、無事に恙無《つつがな》く共に閉会を迎えさせて頂けた事は、何事にも代え難い、今迄《いままで》のセミナーでない事を感じておりました。本当に有難うございました。会場に着席してから、アッという間の短時間としか表現のしようがない、時間と空間を超越《ちょうえつ》した光と化した地球の光の中に在《あ》りました。

翌七月八日は、午後から、新天馬の日曜講座に参加させて頂きました。八階の天空に近いお教室に座ってすぐ、後ろの窓外《まどそと》を見ると、目も眩《くら》まんばかりの光の玉が二つ、黄金の帳《とばり》の中に、黄金とやや白銀がかったお二方がお並びになられた、実在の光のお姿

を拝見することが出来ました。昨日の七月七日のセミナーは、

――〈七夕だから〉陰と陽の統合を計り、より光と化した地球の低我《ていが》の闇《やみ》を光に引き上げる――

との、言霊《ことだま》の具現化に、平伏《ひれふ》す思いでございました。

地球に救い主知抄の光が御降臨《こうりん》された、記念すべき七月十一日に、何が起こるのかと、毎年光の源《みなもと》からのお計《はか》らいを、自ら光を死守し、嬉しく楽しく、光と共に喜びの中で、お迎《むか》え出来るようにと、願いを込めて過ごしてきました。

待ちに待った**七月十一日、一〇時十五分**、空を見上げますと、天馬の翼《つばさ》の様な形をした、横になびく片翼が見えました。その翼の上に、羽毛で出来た、毬状《きゅうじょう》の雲がびっしりと並んでいました。

私は、サロンへ行く為に、**十二時〇四分**の電車に乗ろうと、駅のホームに立っていました。庇《ひさし》に照り映える光が尋常《じんじょう》ではないので、ホームの端まで走り空を見上げました。太陽の下に、天馬の羽根の様な雲が、前よりずっと規模が大きく両翼に拡がり、その雲の紋様《もんよう》は鮮明に、その真ん中に大きなお顔が現《あらわ》れ、その両側にも、少し小さいお顔が見えました。太陽の全容も見せて頂きたかったのですが、輝きが強すぎて、私の体の内も外も熱く、溶鉱炉《ようこうろ》の中にいるように灼熱化《しゃくねつか》していました。すでに人間の視力、肉眼の許容限度を超え、直視することは不可能でした。降り注《そそ》ぐ、実在する知抄の光の威力に、後《うしろ》に倒れそうでしたので、鉄柱に背中を預けて見上げました。普段は太陽を直視出来るのですが、光が強すぎて、

――一瞬でも太陽を見るのは無理！　火傷《やけど》をする！

と、諦《あきら》めて、電車到着のアナウンスに、屋根の下に戻りました。この時、正午を告げる時報の鐘が聞こえていました。そして、物《もの》凄《すご》い光が、あの宇佐の大元神社で、知抄先生目指して降下《こうか》された本物のクリスマスツリーと、私達が呼称《こしょう》する光の降臨《こうりん》が、斜めに降りてきて、アッという間に目の前で拡散しながら、ホーム全体を、光の帳《とばり》と化し、その中に、金色の塊が空中に幾つも舞いました。

後日、気がつきましたが、光は屋根をも障害にならず貫通し、ただ驚愕《きょうがく》して、私は圧倒されて、見入っているだけでした。その中でも金色の塊がとても気になりましたので、よくよく目を凝《こ》らして拝見すれば、その中に、神々《こうごう》しい光のお姿を垣間《かいま》見た気がし、もっと見たいとの思いが募《つの》った時に、すぐに電車が入ってきて、全ては、途切れてしまいました。

すぐに、車内から空を見ましたが、青空が広がっているだけでした。

実在する知抄の光場《ひかりば》、サロン（二〇一）に私は行き、瞑想致《めいそう》しました。知抄先生が上の階に来られて居《い》らっしゃることは、入室した時感じましたが、私達はこの日お逢いすることは叶《かな》いませんでした。

この七月十一日までの、一連の光の源《みなもと》のお計《はか》らいにより、地球は大きく変わり、光の地球として全てが光の子・光人《ヒカリビト》によって、地球の核《かく》そのものである知抄の光の御意思で、統合され在《あ》ることが、鮮明に具現化されたことが分かりました。

ロシアのプーチンさんとトランプさんが、笑顔で握手をし、日本では、小泉さんと小沢さんが原発の廃止で意見の一致を見たりと、少しずつですが、変容を垣間《かいま》見せて頂いています。この時、この期に、豪雨によって洞窟に閉じ込められていた、タイの十三人の子供達が〈瞑想《めいそう》〉によって二週間余りを食料もなく生き延び、救助されたその爽やかな救出の快挙《かいきょ》が、全世界に瞬時に喧伝《けんでん》され、生命《いのち》の尊さを学ばせて頂き、感動を波及《はきゅう》させたことも、大いなる光の源《みなもと》の、威力の一端を見せて頂けたと思いました。地球を救い、人類を救う、知抄の光の威力が、誰の目にも、顕《あきら》かになり始めたことを深く感じました。

寸分の狂いもなく、次々と、目の前で地球を、人類を、良き方へと導く奇蹟の数々を、目の当《ま》たりに見ることが出来ることは、本当にただ有難く、楽しく、嬉しく、伏して喜びと讃美と感謝の威力を讃《たた》えるだけです。

一九九二年に、気で悟る〈気功瞑想法《きこうめいそうほう》〉の御本にご縁を頂き、一年目で天目開眼《てんもくかいげん》し、それから二十六年、私達光の子は、知抄の光と知抄先生によって、地球を救い、人類を救う為の、地球浄化の礎《いしずえ》の光として、育《はぐく》まれて、今、ここに在《あ》ります。

そして、光の源《みなもと》の、地球を救う大計画の一端を、ほんの僅《わず》かでも、光の源《みなもと》、創造界に実在する知抄の光〈十字の光・吾等《われら》〉と共《とも》に、担《にな》うことが出来る、この喜びは、何ものにも代え難い私の使命です。

二〇一八年 七月 二〇日

（T・N）記

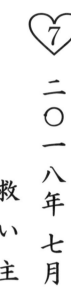

7 二〇一八年七月十一日

救い主降臨《こうりん》の日

七月十一日の早朝、午前四時三〇分の東の空は、サロン（二〇一一）に展示されてあるアカデミー教室に降下《こうか》されたお写真の、赤い光を、より濃く、深くしたような、ぶ厚い巨大な光の塊《かたまり》がありました。

そして、お昼の十二時一〇分前は、眩《まぶ》しすぎる太陽を見上げ、見つめました。私は、いつも智超法気功《ちちょうほうきこう》の一式目のオーバーシャドーをする時は、太陽を見ると白いお月様のようになり、その白い太陽が、私の手の届きそうな近くまで鏡になって降りて来て下さいます。

しかし、今日の太陽は、目を開けて見つめるには眩《まぶ》しくて、まぶしくて、全くいつも以上に輝きが断トツに違います。それでも、知抄の光にゆだね、光と共に見続けましたら、銅で作られた鏡が磨《みが》き上げられたように、白銀に輝き始めました。そして、その輝きは、キラキラ、キラキラと、横に縦に私に意思表示されているように活発に動き回り、太陽の周りには、赤や、オレンジの小さな、宝石のような光が、飛び交っていました。

肉眼では、太陽直視は、耐えがたく、

――　**知抄の光、共に居て下さい**

と、光が眩《まぶ》しく強くなる度に、何度も目を閉じては、また太陽の動きを見つめていました。輝きを増して行く太陽は、日本刀のような輝きに変わって、光の剣《つるぎ》そのものでした。次には、一瞬黄金の光に変わりました。

そして、目を閉じたら、頭上からブルーの光を中にして、グリーンの光が、滝のように降り注ぎ、私の体を包み込み、体の中の魂に向かって、どんどん、知抄の光〈**十字の光・吾等《われら》**〉が降臨《こうりん》されました。光の源《みなもと》の創造界から、続いていると、実感出来る程の大きな大きな光でした。

これは、多くの車が行き交う、第一京浜国道の騒音《そうおん》の中で、横断歩道信号機の脇に立ってのことでした。

二〇一八年七月十一日

（S・T）記

“知抄　在るところ　共に　吾等あり”
知抄を守る(十字の光・吾等)

8 二〇一八年七月十一日
地球人類の新生《しんせい》なる

七月七日、開催された、光と化した地球〈あなた溺《おぼ》れていませんか？〉セミナーで、地球人類は、全員本性《ほんせい》の光に目覚めました。

そして、

七月十一日

午後、十二時〜十五時

知抄の光へ十字の光・吾等《われら》〉が

地上に降臨《こうりん》されました。

人間の低我《ていが》による　暗黒の地球は、
瞬時に　光へと変容しました。

今、光と化している地球は、全員が意識体としてあります。
全員が、自分の想念《そうねん》の世界を見て、そこで生きていると思っています。

——　**そして　魂と　肉体は　分離しています。**

それは、**相対世界が無くなったので、**絶対世界で生きることになります。これからは、すべて、思っていることは必ず顕現《けんげん》することになります。但し、その結果は、良きにつけ、悪しきにつけ、自分で引き受けねばなりません。

これは光の源《みなもと》の摂理の一つである、

――　自己責任の原則

ですが、この発動は、すべての地球人類が、まだ誰も気付いてはいません。これから個々に、各人が身を持って、すべてを体験して行くことで、

――　自《みずか》らが蒔《ま》いた種を
自《みずか》らが刈《か》り取る　――

ということが、顕《あら》われて来ることで学ぶのです。

今
救い主　知抄様は　光の源《みなもと》の
（創造界）に在《あ》られます

太陽であり
　月であり
　　地球の核そのものです
眩《まばゆ》い光の方々が　勢揃《せいぞろ》いされ
　お守りしておられます
生きとし生けるもの　万物《ばんぶつ》の根源
　光の源《みなもと》　直系の御使者
地上に降りた　救い主　知抄の光
〈十字の光・吾等《われら》〉と共《とも》に

地上を　照らし続けて居《お》られます

七月十一日より、救い主　知抄様は、創造界に御姿をお見せになられます。それは、地上では夕方の六時五〇分頃です。世界中の生きとし生けるもの、全ての生命《いのち》が、光の源《みなもと》の光によって、祝福を受けます。無意識下で、人類すべての者が、生命《いのち》の光を浴び、光から気付きを頂いて、永遠《とわ》なる、光の源《みなもと》への、進化へと誘《いざな》われているのです。

救い主　知抄の光様が歩くと、歩いた場所から、生命《いのち》が拡がり、知抄の光様がどちらかをお向きになれば、そこには光の風が吹きます。そこは、喜びと讃美と感謝に満ちる、愛溢《あふ》れる天国となります。光と化した地球に適応して生きる、人類の光の源《みなもと》への、永遠なる光の道は、この様《よう》に☆見え始めているのです。

☆ 光の目で見え始めています。
〈光 そのものになりましょう〉

肉体マントの人間は、絶対世界には、もう居ません。全員が〈**魂の光そのもの**〉として、光生命体《ひかりせいめいたい》として、光の帳《とばり》の中で生きる意識体に変わっています。しかし、多くの人類は、このことにも全く気付いていません。それ故、**光の河で溺《おぼ》れている者が続出しているのです。**

今回、地球人類全員が引き上げられた処《ところ》は、光の源《みなもと》の創造界です。それ故、思いは即、〈想念《そうねん》〉として具現化します。願えば、**本当に、美しく、気高く、更に高邁《こうまい》な思いと成《な》り、利他への愛を注ぐ生き様《ざま》が自然に言動となって、現実化されます。**すべてを光に〈**ゆだね**〉、ただ、知抄の光を無意識層において享受しながら、ゆっくりと、光の源《みなもと》への光の道を、光の子・光人《ヒカリビト》・知抄〈十字の光・吾等《われら》〉によって、**光を求めれば必ず、光へ引き上げて頂ける**

☆2018年7月11日正午より 光の河で溺れている者がほとんどです。

のです。そこには、知抄の光への熱き思いと感謝以外ないのです。
七月二〇日、神宮外苑サマディの、金曜日の夜のお教室は、光の子等が、**知抄の光〈十字の光・吾等《われら》〉**と一体となり、**光人〈ヒカリビト〉**として、慈愛と喜び・讃美・感謝の威力を、顕現《けんげん》されていました。地球人類のすべての魂が、お教室を注視し、偉大な知抄の光が光人《ヒカリビト》を駆使《くし》して、人類を瞬時に、光へと引き上げる瞬間を、瞠目《どうもく》して見ておられました。そして、沖縄に知抄の光が、次なるお計《はか》らいの為に、降下《こうか》されました。

いよいよ地上の、誰の目にも、救い主 知抄の光の存在が、地球丸ごとを変容していく、**〈地球の核《かく》そのもの〉**であることが、判《わか》って来るでしょう。

二〇一八年 七月二〇日　（U・H）記

☆沖縄だけでなく、知抄の光は
地球丸ごとの威力です。

知抄の光の威力
それは山をも創《つく》り
川をも止める
偉大なる威力
知抄　何故《なぜ》　使わぬか

のメッセージが受託されています。

第二部
実在する知抄の光の威力

（1）地震お見舞い御礼

地震お見舞いのＦＡＸを頂きました。ありがとうございます。今朝の地震では、知抄の光にお守り頂き、怪我《けが》もなく、一日普通に仕事をして、夕方はまだ電車が止まっていましたので、一時間歩いて、家に無事に帰って来ました。家の中も特に壊れた物もなく、被害と呼べる物はありません。本当にありがとうございました。二十三年前の阪神淡路大震災を思い起こしました。

実は今朝、通勤のバスの車内で、地震は起こったのです。最初はゴツゴツという感じの二度の小さな衝撃《しょうげき》で、〈タイヤが石でも踏んだかな？〉と思った瞬間、もう一度、大きいゴツンと、衝撃が来て、〈あれ？　何だろう？〉と思ったら、緊急地震速報が、車内に鳴り響いて、ようやく地震だとわかりました。

笑い話のようですが、地震の瞬間にそれと気付かず、全く怖い思いをせずに済んだのでした。一人で室内に居たら、どんなにか過去の大地震を彷彿《ほうふつ》させて、怯《おび》えたかと思います。知抄の光に守って頂いたと感じました。

いつもの定刻に職場に着くと、停電していて、私達の部屋の上の階から、激しい水漏れが起こっていました。しかしそれも、トイレを水浸しにしただけで、部屋の方には被害がありませんでした。室内では、物が壊れたりしていましたが、思ったほどの被害もなく、間もなく電気が復旧し、私達が使うパソコンが、一台も壊れていないことが判《わか》りました。

本当にこれ位で済んだことは、知抄の光に守って頂けたと、瞬間思いました。本当に嬉しかったです。

勤め先が経営している歯科医院の方も、棚が倒れたり、物が散乱していましたが、お昼からは、通常通りの診療を始めることが出来ました。本当に経験した阪神淡路大震災の体験は、こうした災害時には、みんなが団結し、お互いを労《いた》わる様子を、美しいと思いました。

近郷《きんごう》に住む、私の両親や姉妹もその家族も、みんな怪我《けが》もなく元気でした。

今後も油断することなく、喜びと讃美と感謝の威力で、知抄の光と共《とも》に前進致します。

☆ 光と化した地球
喜びと讃美と
感謝を 光の源《みなもと》へ
届けよう ☆

二〇一八年六月十八日
（Ｓ・Ａ）記

(2) セミナー御礼

この度《たび》、七月七日に開催された、**光と化した地球〈あなた溺《おぼ》れていませんか？〉**のセミナーに参加させて頂きました事、心から感謝を捧げます。有難うございます。

私は、一ヵ月前より、ひどい回転性めまいで、通院するも、回復が見られず、当日、岩間ホールの会場に、羽田空港より、フワフワと辿《たど》り着いた次第です。セミナーでは、

――こんなにも溺《おぼ》れてしまった　私を

どうか助けて下さい

の、思いの全てを、知抄の光に捧げていました。
セミナー終了時には、知抄の光の威力で、しっかりとした足取りで、スタスタと歩いておりました。今回のセミナーに、参加させて頂き、〈**光へと引き上げて**〉頂き、嬉しかったです。

――もう二度と、闇《やみ》を寄せ付けない！

の決心で帰宅しました。感謝しかありません。
二〇一五年～二〇一七年の三年間は、光と闇との峻烈《しゅんれつ》な闘いの中にあったことを、**喜び・讃美・感謝の威力 第一巻〈あなたならどう生きる？〉**の御著書で、認識することが出来ました。国家も個人も例外なく、私個人も家族の事で、次々と目の前で起こる、闇《やみ》との闘《たたか》いに、明け暮れた三年間でした、
知抄の光の威力と、知抄様の愛によって、今、家族の様々な問

題が、良き方へと導かれ、好転しております。本当に、本当に嬉しく、感謝しかありません。

――闇《やみ》とは、頭で考え出される思考である

ことが分かり、白紙の心になろうと、知抄の光に〈ゆだね〉、前だけ見て、光だけ見て、夢中で駆け抜けた三年間でした。その反動か、私は、昨年末より体調を崩《くず》して、自力では這《は》い上がれないほど、光の河で溺《おぼ》れていました。

セミナーの参加資格は、

――真に光を求めし者

が対象で、本来ならば、到底《とうてい》〈返金〉されるところでした。

今回の体験と学びを、魂にしっかり刻み、光と化した地球に適

応出来るよう、光生命体《ひかりせいめいたい》になり、全てを魂の光と共《とも》に歩みます。会場で、ともしびのメロディーにのって、〈**素晴らしき仲間のうた**〉をうたっていると、込み上げるものがありました。永遠なる光の源《みなもと》への光の道を目指す、魂の光で結ばれた仲間と共に、ここにいることに、地球浄化の使命の尊さを、強く感じずにはいられませんでした。遠く離れた地方に居る私ですが、

――一人ではない　光と共に在《あ》る

との、揺るぎない魂の光と共に歩む、強い思いでいます。本当に身も心も晴れやかです。**有難うございます。**

二〇一八年七月八日

（T・F）記

(3) 魂の光と心が一つに成った感覚

二〇一八年七月十一日、救い主 知抄の光が、二十二年前に、降《こう》臨《りん》された記念すべき日に、横浜のスポーツクラブ、ルネサンス〈智《ち》超法気功《ちょうほうきこう》〉教室で、奇蹟の光を浴びさせて頂き、私は、大きな気付きと、進化への一歩を、踏み出せたようです。

西日本の災害をニュース等で見て、私の心は、暗くなっていたようでしたが、すっかり活力満ちて、元気になりました。

今日のお教室で、今より、全て魂の光そのものになって、物事を捉《とら》えるようにしない事には、一歩も前には進めないことが、良く判《わか》りました。

――光だけ見て

――前だけ見て

――目の前で何が起きようとも――

自らの意思で、光を死守するのは、このような事であると、教えて頂いたように思います。

光と化した地球の感覚……目からウロコでした。それが、私の精神へ、五感へ、細胞へと染み入って、そして、とても有り難くて、有り難くて、感謝がどんどん増して来て、実在する知抄の光の御前に、その威力を讃美し、喜びが込み上げて来て、涙が出てしまいました。これが、まさに〈**光生命体**《ひかりせいめいたい》〉になった、

――魂の光と心が一つになった感覚――

これからいつもこの様に、私に出来るだろうか？

と思った瞬間、

――やるしかない――

――やらねばならない！

と、内からの決意が、私の五臓六腑《ごぞうろっぷ》に轟《とどろ》きました。

この日なればこそ、救い主 知抄の光様の、目に見えなくとも、実在する大きな無限の愛を、感じることが出来、偉大なる恩恵を、汲《く》み取ることが出来たのでした。

これからは、感謝、感謝、感謝で、この威力を讃美し、喜びの中で、知抄の光にゆだねて行きます。

タイの洞窟《どうくつ》に閉じ込められていた、子供達が、無事に、救出されました。この威力も、本当にありがとうございました。

二〇一八年七月十四日

（T・M）記

☆

魂の光輝《こうき》

光の源《みなもと》への永遠《とわ》なる道は

感謝・感謝・感謝!!

（4）カルマを超えた娘

（難病）筋萎縮症《きんいしゅくしょう》に新薬

七月二十一日、サロン（二〇一一）にて開催された、第三土曜講座に参加出来ましたこと、感謝申し上げます。

二十四歳で、映画の脚本を、初めて担当されたお話を、そのお母様から直接、今日お聞きし、感動でした。九月半ば頃、国内三〇〇ヵ所で上映されるその青春映画を、ぜひ家族で見に行きたいと思います。素晴らしい才能開花を、共に寿《ことほ》ぎました。

そして、もうお一方の、病からの生還の体験はすごかったです。光へ全てを〈**ゆだね**〉きった時の、知抄の光の威力を、今更ながら確信致しました。更に喜びは増し、嬉しかったです。

今日は、長時間にわたり、知抄様からの、光人（ヒカリビト）を介しての、貴重なお話を賜《たま》わり、瞠目《どうもく》する内容と、これからの光の源《みなもと》への道しるべを頂き、感動の中で多くの気付きを、実践しようと決意致しました。

そして翌、日曜日の新天馬教室は、アカデミー教室のメンバーが集い、光を放ち、地球がどんどん変わって行くことを、共に体験出来ました。

この度《たび》、難病と闘って来た娘の、新薬での治療が、いよいよ明日入院し、明後日に治療して頂き、翌日退院という日程で始まります。局所麻酔で髄液《ずいえき》を薬の量分抜いて、その分の薬を脊髄《せきずい》の間に注射するといったもので、アメリカで開発されやっと現実化されました。特に治療自体にリスクはないようですが、まれに頭痛などの副作用を伴《ともな》うかも知れません。

今後は、一ヵ月後、三ヵ月後、その後半年ごとに治療を継続していく予定です。だんだん慣れてきたら、入院せず外来《がいらい》治療も出来るようになるとのことです。

この新薬について、五月に横浜市大病院で、主治医から説明を聞き、七月の病院予約をした時は、ずいぶん先に感じましたが、いよいよ明日となりました。

長い間、何の治療策も、薬もなかった娘を、車椅子で教室で光を注《そそ》いで頂いた小学生の頃を、そして無事四年制の大学を、皆さんと同じように卒業し、今、公務員として生計を立て、独立して生きる娘☆を見る度《たび》に、本人はいざ知らずですが、私にとっては、

☆娘は35歳になりました。

何か夢のようです。今日あるのは、すべて知抄の光のお計《はか》らいと、嬉しくて嬉しくて、この喜びを御報告申し上げるだけです。

知抄の光、光の源《みなもと》の創造界の御力を、常に注いで下さり、更に新薬の実現による娘の奇蹟の生還、知抄様にとっては、ほんの光の威力の一部にしかすぎないでしょうが、長年に亘《わた》る、この恩恵、畏《おそ》れ多いことです。

これからは、私自身が常に、喜び、讃美、感謝に満ちる、知抄の光の帳《とばり》の中で、知抄様の手の平の中に居られるよう、光に成《な》ります。

万感の思いを込めて

―― ありがとうございます ――

二〇一八年七月二十二日（K・M）記

☆1回目の新薬による治療の数値は良い方へと。次回は12月です。

（5）光と共にあれば活力満ちる

七月二十二日から一泊で、子供達と車で八ヶ岳へ出掛けました。私は普段、坂の上に住んでいるのを言い訳に、どこに行くにも車に頼り、五〇を越えての、中年太り。運動は週に一度の、お教室での〈智超法気功《ちちょうほうきこう》〉の実技だけ。

主人が休みが取れないので、全行程一人での運転に加え、子供達が、二日間めいっぱい楽しもうという、ハードスケジュールをこなせる自信がなかったのです。

特に筋力が必要な、フィールドアスレチックは心配でした。親の付き添《そ》いが必須で、子供達がとても楽しみにしていた為パスできず、知抄の光に、全てをゆだねて、私にとっては、決死の覚悟での、参加だったのです。ところが、命綱を付けているとはいえ、高さ一〇メートル以上の木の上のプラットホームから飛び降りたり、滑車《かっしゃ》で百メートル先までロープを伝って滑空《かっくう》したり、そして、地上一〇メートルで、木と木の間を渡り歩き、若者でも苦労するチャレンジを、なんと、この私が、三〇個以上も心から楽しくクリアできたのでした。本当に、これぞ奇跡でした。

他にも、山道のハイキングや、高原の美術館、そして、向日葵《ひまわり》畑も、元気に歩き回り、知抄の光の実在の威力に、只々《ただただ》、

――喜び・讃美・感謝 スーレ、

知抄の光 知抄の光 楽しいです！

と、叫ぶだけでした。

帰りの高速道路は、進行方向の空が黒雲に覆《おお》われて、不気味でした。知抄の光を、魂に掲《かか》げ、〈ゆだね〉て、安全運転を心掛けました。やがて日が暮れると、いつのまにか、ものすごく明るいお月様が、進む道を、煌々《こうこう》と、照らし、瞬間雲に邪魔されても、すぐに、雲は消え去り、顕《あきら》かに意思を持って車内に月光が入って来て下さるのでした。よく見ると、お月さまは笑顔の知抄先生でした。月の光が体の中にまで入って来て、疲れを吹き飛ばして下さり、生き返りました。

―― 本当に守って頂いているんだね、ありがたいね

と、娘がしみじみ申しました。七月七日のセミナー以降、大きく変わった地球を、なんとなく感じてはいましたが、呼べば応《こた》えて

下さる、知抄の光を浴びて浴びて、静かな幸福感に包まれ、感謝を捧げながら、無事に帰宅することが出来ました。あんなに行く先の空一面に見えていた黒雲はどこへ行ったのか、ずっと星空の下を走り続けました。

帰ってから気づいたのですが、全く疲労感がないのです。高原の美術館からスマホで撮った山の風景の中に、これは、知抄の光**〈十字の光・吾等《われら》〉**ではないかと思える、雲の上で、見守る、楽し気《げ》なお姿がありました。

光と共《とも》に在《あ》れば、何一つ心配する必要ないことが、良く判《わか》りました。

二〇一八年 七月 二十五日

（K・Y）記

（6）

知抄の光にゆだね
ヒラメキで行動したら……

八月二日、日帰りで、実家に帰省した時のことです。本当は、七月二十八日、二十九日と週末の（土・日）に帰る予定だったのですが、台風が来ていた為、お盆休みに延期するつもりでいたのです。前日の八月一日の夜から、急に両親のことが気になりだして、居ても立ってもいられなくなり、仕事の都合をつけて、急遽《きゅうきょ》帰りました。

今年、九十一歳になる父と、八十九歳になる母は、三年前から、自宅の近場に出来た、市が経営する特別養護老人ホームにお世話になっていて、何の心配も無く、穏やかに過ごさせて頂いていました。駆けつけた私は、母の部屋のドアを開けました。瞬間、むっとした熱気に包まれ、ソファーに横たわっている、母の姿が目に入りました。

上を向いたまま、意識は既に朦朧《もうろう》としていたのです。咄嗟《とっさ》のヒラメキで、熱中症と思い、水分を勧めましたが、飲む気力は無く、

―しんどい―と。

持病の、心臓の痛みと、腹痛も出ているようなので、智超法秘《ちちょうほうひ》伝《でん》を駆使《くし》して、まず私が〈光そのもの〉になりました。そして、

―救い主　知抄の光

母を助けて下さい―

と、全てをゆだねました。

職員の方も駆けつけて来られ、「昨夜トイレから出て来ないので、様子を見に行ったら、脱水症状で動けなくなっていた。」とのことでした。ずっと、気に掛けて下さっていて、昼食時には、食欲も戻り、元気になっていたので、大丈夫だと思ったとのことでした。そして、部屋の室温調整は、母に任せていたことを話して下さいました。

―― 母を助けて下さい ――

と、救い主 知抄の光にお願いして十五分程経《た》った頃、急に意識が戻り、目もパッチリと開いて、母の顔色は、見る見るうちに血色も良くなり、徐々《じょじょ》に水分を取れるようになりました。私が側に居ることに驚きながらも、どんどん元気な日頃の母に戻って、全く別人のように、私の目の前で、活力を増して変容しました。救い主 知抄の光の、その威力の凄《すご》さに、只々、有難くて、嬉しくて、感謝感謝で平伏《ひれふ》す思いのみでした。

そして、このホームに向かう前に、せっかく日帰りでも来れたのだから、二ヵ月に一度の診察にも付き添《そ》ってみようと、二日後の診察予約を、今日の十六時に変更しておいたのです。待ち時間も無く、スムーズに主治医の診察を受けることが出来、「もう大丈夫ですよ。」と、安堵《あんど》のお言葉を後に、安心して東京に戻ることが出来たのです。

本当に全てが、知抄の光からのインスピレーションを言動に移し、光のリズムで実行したのです。熱中症の母を発見するのが、少しでも遅れていたらと思うだけで……。本当に感謝以外ありません。

この体験は、

―― 全てを　知抄の光にゆだね

光と共に　在《あ》ったからです ――

寸分の狂いも無く、全てをセッティングして、良い方へと誘《いざな》われたのです。

―― 私が光を死守すれば　光によって守られる

ことを、鮮明に見せて頂けました。本当に、地球が、想像以上に光で統一され、次元が光に成《な》っていることを、実感出来ました。

母共々に、心より感謝申し上げます。

そして、父も父なりに、元気してました!!

二〇一八年八月三日
（T・H）記

☆
光を守る者は
光によって
守られる
その逆も
真なり
☆

（7）あきらめていた聴力
七十九歳　耳が聞こえる!!

私は若い時から、耳が普段の生活に支障は無いものの、あまり良く聞こえませんでした。ここ数年は、特に右耳の聴力が落ちていました。今年に入ってから、良い方の左耳が聞こえ難《にく》くなって、ほとんど、両耳が音のない世界となりました。その為に、玄関のインターホンの音が届かず、又、電話の音も聞こえず、日常の生活の中で、多大なご迷惑をかけておりました。

私は、来年二月で八〇歳になりますので、これは加齢によるものと、自己判断致し、あきらめていたのでした。

神宮外苑フィットネスで開講されている智超教室《ちちょうきょうしつ》に、毎週火曜日に参加していますが、お教室の私と同世代の方々が、はつらつと若返り、美しく変容する現実を目の当たりにして、私はただ、ただ、硬くなって引きこもるだけでした。どんどん活力満ちて、喜びを爆発する中で、〈**私はもう年だから**〉と、加齢のせいにすることで、仕方がないことだと、気にもしないようになりました。更に、耳鼻科の医師の言葉も、自己評価を正当化してくれていて、気持ちは楽に、光を浴びることを楽しみにしていました。

今振り返ると、愚かなる人間智でした。耳が聞こえなくても、知抄の光を求め、光を受け止めて、少しでも進化したい熱き思いは持続して、教室は必ずお休みしないで参加しておりました。

今年の春先から始まった難聴は、徐々《じょじょ》に酷《ひど》くなりました。それで、耳鼻科医院を訪ねたのです。ところがその時期は、花粉症の多発であまりにも混雑していたので、驚いて帰って来てしまいました。花粉症が収束した頃受診したところ、中耳炎でした。痛みも無し、熱が出た記憶もなかったのですが……。

治療後は、少しだけ聴力の回復が見られたのです。しかし、元には戻りませんでした。そして、難聴を通り越して、聞こえなくなり、補聴器の助けを借りなければならないことが判《わか》りました。ところが、補聴器なるものを新調したのですが、全くその用をなさないのです。聞こえないので、かえって、ストレスになってしまいました。そんな、こんな、しながらも、七月八日、日曜日、四ッ谷教室への参加後、久し振りにサロン（二〇一一）へ入室致したのです。

昨日の七月七日、岩間ホールに於いて、光と化した地球

〈あなた溺《おぼ》れていませんか？〉

セミナーに、参加された光の子・光人《ヒカリビト》の方々が、熱き思いで集い、光を放たれておられました。私も、知抄の光を受け止め、光を日本へ、そして地球全土へと、瞑想《めいそう》しながら放ちました。

しばらくして、目を開けたら、なんと、知抄先生が前に座られて居られたのです。本当に久々にお近くでお姿を拝見し、本当に夢かと思いました。私にも御声をかけて下さったのですが、全く聞こえませんでした。仲間の方が私にお伝えくださり、とっさに私は椅子から床に伏し、日頃からの感謝の言葉を述べました。そして、

「御声は聞こえても、御言葉として、具体的には全く聞こえな

い。」ことを、申し上げたのです。すぐに、椅子に座るようスタッフの方が支えて下さり、もとの席に戻りました。

知抄先生は、お二人の光人《ヒカリビト》に、私に光を注ぐように、具体的に指示をされました。そして、光人《ヒカリビト》の別のお方が、聞こえない私の為に、知抄先生からの私へのお言葉を、紙に書いて教えて下さいました。

それは、一日に一回だけで良いので……と、実にカンタンに私が「エッ」と思った程の、耳が聞こえる為の実践の仕方が、記されていました。そして、その最後に、知抄先生の「**治りますよ。**」と書かれた文字が、しっかりと目に焼きつき、胸の奥から込み上げてくる感謝の思いと共に、「治る、耳が聞こえる。」ことが、確信となりました。

この七月八日に、知抄先生にお目にかかり、偉大なる愛を頂き、きっといつか治ると思っておりましたが、七月末に、念の為に耳鼻科を受診したのです。ところが、全く予期していなかったのですが、水が溜まっていたのです。その治療後、帰宅して点けたテレビの音が、鮮明に耳に入って来たのです。懐《なつ》かしい日本語が、そして、声が割れて意味不明だった、テレビの雑音に等しかった音声そのものが、普通にお話の具体的な内容として、伝わって来ました。次に生活音が入りました。換気扇の作動音までが心地よく聞こえます。インターホンの呼び出し音で玄関へ、とっと―と、駆け足です。そして電話のベル音等、次から次へと活力満ちて、私は大忙しに一変したのです。

「ウワーッ 聞こえる!!」

知抄の光に、知抄先生に、感謝の念が沸《わ》き上がり、私は飛び上がりました。それは、お教室で光を浴びると、私は床から浮上するからです。

こうして今回、私自身が知抄の光の実在の威力を、身をもって体験することにより、音の無い世界に住む人々の痛みを、自身の痛みとして、大きな学びを体得出来ました。

今回のこの奇蹟は、
知抄先生から賜った 大きな愛です。

必ず治して頂けるという確信を持つことが出来、私が〈**光そのもの**〉になって、光を守り抜いた結果と思います。

偉大なる知抄の光の威力を、短期間で体験させて頂き、本当に〈**知抄の光**〉は、今、こうして、地上に実在の光として、知抄先生と一体になり、地球を、人類を救う救い主として、存在され在《あ》ることを確信とさせて頂きました。

この度《たび》、大きな大きな恩恵を賜《たまわ》り、万感の思いを込めて、知抄の光の恩恵を、光の源《みなもと》へ、感謝、感謝、讃美、讃美、喜びを捧げます。

そして、自らの存亡をかけて、光を死守し、地球を守る礎《いしずえ》の光として、必ず地球を救い、人類を救うお役目、実行させて頂くことをお誓い申し上げます。

二〇一八年八月八日
（M・A）記

（8）六〇歳の還暦《かんれき》を迎えて

八月十七日、私は還暦の誕生日を迎えました。有給休暇の消化を兼ねて、今週は全休の予定にしておりましたが、翌週から再開する、定年退社の引継ぎに備えて、この日は出勤に変更し、帰りに、サマディ金曜教室への参加を、予定して家を出ました。

しかし、〈ここまで無事に来られたことへの感謝を、**知抄先生、そして、知抄の光の皆様に、**直《じか》にお伝えすべきではないか〉という、インスピレーションを賜《たまわ》り、急遽《きゅうきょ》、仕事を午前中で切り上げて、サロン（二〇一一）へと向かわせて頂いたのでした。

土曜日に開催される講座を別にすれば、私が自由意思でサロンに、平日に入室させて頂くのは、今回が初めてのことでした。少し前までの私では、到底考えられないことで、岩間ホールで開催された、**七月七日**のセミナー以降、本当に光へと引き上げて頂いていることが、自分でも良く判《わか》りました。

サロンでは、スタッフの方と共に、喜びと讃美と感謝の威力を、満喫《まんきつ》させて頂きました。皆様と、美味しいコーヒーとお菓子を賜《たまわ》り、六〇歳の還暦の御祝いにと、そしてあろうことか、思いもよらぬプレゼントを届けて頂いた上に、知抄先生とお電話でご謦咳《けいがい》に接することが出来ました。まるで夢を見ているようでした。

知抄先生より賜《たまわ》ったお言葉を振り返り、光と化した地球のこれからは、人生一二〇年を目指して、若返って行く旅路なのだと実感しています。定年後に対する、漠然《ばくぜん》とした不安等《など》の人間智が出始めていましたが、そうではなく、これからは、魂の光輝《こうき》を、より進化させながら、〈自由人として〉、喜びと讃美と感謝のみで、新しいキャンバスに向かって、新たな自分自身の絵を、一から描いて行く勇気を賜《たまわ》りました。最高のプレゼントを有難うございます。

昨晩は、頂戴したワインを、早速妻と賞味させて頂きました。穏やかな酔い心地で熟睡し、今朝は爽やかな目覚めを迎えることが出来ました。本当に言葉では言い尽くせない、六〇歳の還暦を迎えた感動の一日でした。有難うございます。喜びと讃美と感謝を、知抄の光に捧げます。

二〇一八年八月十八日　（W・K）記

☆

光と共《とも》に在《あ》れば
嬉しく　楽しく
喜び　讃美　感謝が
増し　増し
賢く　凛々《りり》しく
年齢不詳　☆

(9) 知抄の光の威力
九十九歳の義母《はは》よみがえる

八月一日、九十九歳の義母《はは》が、ベッドから降りて尻もちをつき、大腿骨《だいたいこつ》を骨折しました。救急車で病院に搬送《はんそう》され、ベッドに寝たまま、身動き出来ない状態となったのです。私は連絡を受けた瞬間から、知抄の光に、「**義母《はは》を助けて下さい。**」と、お願いし続けました。

翌日、サロンにお伺いしておりましたら、知抄先生からの、義母《はは》についてのお言葉を賜《たまわ》りました。

八月三日に病院へ行き、義母《はは》へ〈**そのお言葉**〉を、伝えました

ら、嬉し涙で泣きながら、

――この年になって、皆さんに、こんなにご迷惑を、おかけするぐらいなら、いっそ死んだ方がましだと、思っていたけど、今日で、その考えはやめました!!

と、きっぱりと言ってくれたのです。

そして、義母《はは》自ら手術することを決めたのです。

――知抄の光　ありがとうございます。

――知抄の光　助けて下さい。

と、心の中で、それだけ言っててねと、義母《はは》に伝えると、

「はい。」と、消極的であった今迄《いままで》と全く違い、力強い返事が戻ってきました。

八月七日の手術は、心配する三人の子供に見守られ行われました。私は、サロン（二〇一）へ駆《か》けつけて、スタッフの方々と共に、執刀医《しっとうい》の先生方、そして病院全体に光を注ぎ続けました。私は、ただ、手術が無事に成功し、術後の痛みがないように、そして、再び歩けるようにと、自らが〈光生命体《ひかりせいめいたい》〉になって、光を放ち続けました。

手術は、成功しました。痛みも無く、私達もほっとしました。八月九日には、車椅子に乗り、立って、補助具を使い、少し歩けたのです。

九十九歳の高齢ですと、術後、寝たきりになったり、認知症を発症したりする確率が高いのですが、今のところは、その懸念《けねん》も見当たらず、順調に快方に向かっており、義母《はは》はすこぶる〈ご機嫌うるわしく〉、リハビリに励《はげ》んでいます。
そして、訪ねた私に、
――知抄の光のすごさを、どうやって
皆んなにお伝えしたら良いのか、
その方法を、毎日、今、考えているのよ
と、知抄先生の御著書、光の源《みなもと》の大計画Ｐａｒｔ５〈幸せを呼ぶ数《かず》え宇《う》多《た》〉の御本を読み返しながら、楽しそうに、宇多を口ずさみ、活力を取り戻しております。
来る十月には、一〇〇歳のお誕生日を迎えます。その日を、本人も私達も楽しみにしております。ありがとうございます。

二〇一八年八月十八日
（K・M）記

(10)

届け 光の源《みなもと》へ

智《ち》超《ちょう》法《ほう》秘《ひ》伝《でん》〈雄《お》叫《たけ》び〉の威力

六月十八日の北大阪での地震ですが、朝の八時前のことでした。私は東京で長く暮らしていたので、地震には慣れているつもりでしたが、生まれて初めて、真下から突き上げてくる強い揺れを自宅で経験して、びっくりしました。ガタガタと、家具の揺れが三〇秒ほど続いた上に、ひどくなってきたので、居たたまれなくなって、咄嗟《とっさ》の機転で教わっていた智超法秘伝《ちちょうほうひでん》の雄叫《おたけ》び

――救い主　知抄の光
暗黒の　地球を　お救い下さい――

を、私一人だったので、声に出して叫びました。これまでサロン（二〇一一）での講座に、何度か出席させていただきましたが、そのときに

――大地震が来たら
雄叫《おたけ》びを 光の源《みなもと》に 届くまで 叫んで
被害を 小さくしましょう

という実践を思い出したからです。私の場合は、〈光の子〉のように、確信を持っての雄叫《おたけ》びというよりは、どうしようも無い〈藁《わら》にもすがる〉気持ちからでした。

するると、なんと、なんと、……
ひどくなりかけたと思っていた揺れが、

ピタっと止まって、？？？

と、いう感じで居ました。雄叫《おたけ》びのお陰かどうかは（気のせいだったかも）と、その時は、実に曖昧《あいまい》でした。

とにかくニュースを見て、確かめ、震度五にしては、少ない被害に、安堵《あんど》して

――知抄の光　何事も無くてありがとうございます

と、御礼の御挨拶《ごあいさつ》を致しました。セミナーで必ずプログラムに入っている

――光の源《みなもと》への〈雄叫《おたけ》び〉

というのは、とんでもなく、すごいことを、教えてもらっていたのではないかと、強く印象に残ったことは確かでした。

その後、一ヵ月経《た》って上京し、教室で、〈皆さんが、似たよう

な体験をされている〉ことが判《わか》り、やはり、は、すごい智超法秘伝《ちちょうほうひでん》であり、自らの生存をかけての、人類の生《い》命綱《のちづな》であることが、やっと、今回の体験を通じて納得できたのでした。

――光の源《みなもと》への雄叫《おたけ》び――

とにかく、今年の夏は、西日本では、自然災害の連続でした。まず、地震の余韻《よいん》が消えないうちに、〈**数十年に一回の豪雨**〉の気象庁予報が出ました。当初は仕事を休むつもりでした。しかし、数年前に、集中豪雨で、職場の窓付近から、噴水のように水が室内へ噴きこんできて、たまたま、高価な器具には水がかからなかったことを思い出したのです。

そこで急遽《きゅうきょ》、高価な器具には、ビニールの袋をかける作業をしようと、休み返上で、職場に出かけたのです。そして、職場前のバス停に降りると、見たことない光景が始まっていました。雨水がすでに足首までの深さになっていて、坂道を急流のように水が流れていたのです。これでは作業よりも、私の身の安全の確保が必要で、またまた、黙して〈雄叫《おたけ》び〉をやっていたのです。効果を期待するというよりも、無意識に、私の気を引き締めようと、光だけ見て、前だけ見て

――救い主　知抄の光

暗黒の　地球を　お救い下さい！

と、心の中で繰り返しておりました。

それから、袋かけ作業を、延々と二時間以上かけてやり終えた

のです。もう、クタクタでした。危なくならないうちに帰宅しようと、例のバス停へ戻ると、雨も止んで水も引いていたのでした。空には晴れ間も見えていました。ずぶ濡れ覚悟で帰路に就くつもりでしたが、ほっとして、拍子抜けしてしまいました。

——何だ、大げさな予報外れではないか——

と、かなり私は、不機嫌になっていました。

帰宅してニュースを見ると、予報通りに、岡山・広島・愛媛では、死者が多数出るような、大災害が起こっていたのです。兵庫県でもたまたま徐行していた電車の目前で、土砂崩れが発生していました。

今日無意識に、光の源《みなもと》への〈雄叫《おたけ》び〉が出たことは、私の中では、自然に体得していたことに、気付いていませんでした。

そして、豪雨《ごうう》が終わったと思ったら、次は史上初めての、東から西へやって来た台風が、瀬戸内海を抜けて行ったではありませんか！

豪雨の被災地を、再度わざわざ狙って来たような、予想進路を、上陸前日の夜中に天気予報で見て驚きました。

——どうせ東からやって来て、西に抜けるならば、
救い主知抄の光、奈良と大阪の境にある、
高い山々に、台風をぶつけて弱らせてください

と、今度は、しっかりと、心の中で、そのことを想念《そうねん》してその日は寝たのです。

翌朝五時頃、目を覚まして窓外をちょっと見た瞬間、全く、雨や風は無くて、穏やかでした。

――台風は、大阪から離れたな――

と、安心して、もう一度寝たのです。

そして、八時に起きてニュースを見たところ、何と、大阪市内を通るコースは、五時頃に襲来して通過していたのでした。そのまんま、山陽本線に沿うようなコースを、兵庫県内で取っていたのです。

一度起きて、私が五時に見た窓外《まどそと》の、あの風景は、幻だったのではないかと、一瞬疑いました。もう一度室内を見て回ると〈閉め忘れていた窓〉が一ヵ所あったのです。その窓の周囲の室内を調べると、なんと、雨水で濡れたあとも、紙類が風で飛ばされた痕跡《こんせき》も、全くありませんでした。私が五時に見た外の穏やかな光景は、本当だったみたいだ――と、しかし、狐《きつね》につままれたような気分になりました。

今も私には、一連の、これ等の体験が先行していて、頭をめぐらせて思考を入れると、訳がわからなくなるので、考えないことにしました。

何事も無ければ、ありがたいだけでした。他に理論も理屈も不要でした。そこで、私は素直に、知抄の光へ、また

ありがとうございますぅ…… ♡♡♡

と、御礼を心の中で申し上げ、一件落着としました。

今振り返ると、とんでもなく得難い体験を、今回させていただいたように思います。体験した、あるがままのこの事実は、私の中で、知抄の光は、本当に実在であるとの確信となりました。更に、私が、〈**光そのもの**〉になれば、その思いに必ず応《こた》えて下

さる存在ではないか、というところまで理解出来たことでした。
これからは、

まず　　　感謝が先だ！
そして次に　　讃美だ！
光が増して　喜びが爆発だ!!

と、お教室で、そしてサロンで、セミナーで、光を浴びると、自然に、私の中では、進化させて頂いて来たようです。
改めまして、本当に実在する、知抄の光の威力に感謝を申し上げます。今迄《いままで》の無知故《むちゆえ》の失礼をお詫び申し上げ、光生命体《ひかりせいめいたい》になります。

二〇一八年八月十八日
（K・T）記

追記

このあと九月四日、台風二十一号が京阪神を襲いました。大阪市内の自宅では、台風による風が急激に強まり、十階建てのマンション全体が揺れるのを初めて経験しました。そのときも咄嗟《とっさ》に、気が動転しかけた母親を鎮《しず》めるために、智超法秘伝《ちちょうほうひでん》幸せを呼ぶ〈**数《かず》え宇《う》多《た》**〉をかけたところ、ざわついた空気が一瞬で収まるのを感じました。それだけでなく、停電で消えかけていた部屋の明かりが再び点《つ》いて、結局、真っ暗な夜を免れることができました。重ねて知抄の光の威力に、感謝を申し上げます。

二〇一八年 九月 五日

☆　人間とは　本来
光そのものです　☆

◇　私達は、光と化した地球で、魂の光輝《こうき》を、共《とも》に学んでおります。

◇　特別指導とか〈弟子入り〉及び（病気）については、お受けしかねますので、御了承下さい。

◇　教室及びセミナーの
お問い合わせは　◇

○　FAX　045-332-1584　又は
〒220-8691　横浜中央郵便局　私書箱145号
智超教室　宛
○　Office
〒240-0013　横浜市保土ヶ谷区帷子町 1-31
ヴェラハイツ保土ヶ谷 303
☆　URL：http://www.chi-sho.com/

(11)　八月二十二日　水曜日
サロン（二〇一一）にて

人間とは
本来　光そのもの　である

この真実を、揺《ゆ》るぎない確信として、受け止められるようになってから、私は、光と共《とも》にある、強い歩みが、出来るようになりました。

それまでの私は、

――　実践しなければ、光になれない

と、どこかで思い、気付かぬうちに、

——努力して、光になろう

と、していました。その為、二十四時間、家庭でも職場でも、寝ても覚めても、実践しなければならないと、〈**個《こ》や我《が》**〉に捉《とら》われ、感情の中で、〈**溺《おぼ》れて**〉いたのです。感情が出ると、光へ行っていなかったことを〈**反省**〉し、また光になろうと〈**頑張《がんば》っていた**〉ようでした。

これは、全く、〈**光にゆだねる**〉ことをしないで、肉体思考の感情体そのものでした。思考錯誤《しこうさくご》しながら、やっと人間である私は、〈**光そのもの**〉であるという強い、確信があるからこそ、〈**光へ行きつ戻りつ**〉の実践が、伴《ともな》うのだということに気付いたのです。それ以来、家庭でも職場でも、〈**私は光そのものであ**

る〉という、強い自覚を持ち続けられるようになりました。すると、自然に〈個《こ》や我《が》の感情〉が気にならなくなり、いつも嬉しく、楽しく、過ごせるようになりました。

地球が、知抄の光で統一され、そして、喜びと讃美と感謝の知抄の光の威力によって、光へと、引き上げられて、人類を、幸せになるように、愛を注《そそ》いで下さっていることが、

♡光の目で

♡光の足で

♡光の耳で

判《わか》るまでになりました。

〈**光の子**〉は、日本列島を守り、地球を守るのは、他の誰でもない、この私なのだという決意が、自然に湧《わ》き出て来るのです。

そして、光と化した地球の、礎《いしずえ》の光としての自覚が強くなります。

日本だけでなく、地球全土の自然災害に光を注ぎ、台風や、豪雨、地震などのニュースを見ると、すかさず、

――救い主　知抄の光
暗黒の　地球を　お救い下さい――

と、光の源《みなもと》に向かって、叫ばずにはいられないのです。

そして、瞬間瞬間、日本だけでなく、世界中の人々が幸せになれるように、

☆真の自由と

☆真の平等と

☆真の平和が

この地上の隅々に具現化するように、目の前にある闇《やみ》に、光を注ぎ、光に変えて行くのです。

なぜなら、〈光そのもの〉である時は、救い主様と一体となって、地球を救い、人類を救う、大使命遂行者として共《とも》に、生命《いのち》の源《みなもと》の、知抄の光を放っているからです。

これから先、どんな試練《しれん》が、待ち構《かま》えていようとも、恐れることなく、

――吾等《われら》に不可能の概念《がいねん》なし

の、光の源《みなもと》の力強いお導きに〈ゆだね〉、光人（ヒカリビト）として、光の地球を、光と共に、構築して行きます。
目の前に立ち塞《ふさ》がるであろう、もろもろの湧《わ》き出て来る、内外の黒き闇《やみ》を、光で照らし、照らして、光を浴びせ続けます。
私は、**光とは、**

―― 神であると思います ――

そして光は

無限の愛そのもの

と、思います。

―― 新世界への旅立ちは

地球全土へ
知抄の光（十字の光・吾等《われら》）が
御降下《こうか》され
実在する　光そのものに
地球が変容したのではないか？

とも、思うのですが、私だけの視点でしょうか……。

いずれ、時が来た今、魂の光が顕現すれば、鮮明に見えて来ると思います。

光の源《みなもと》への、永遠《とわ》なる光の旅路を、確《しか》と見据《みす》え、目の前の一瞬を、知抄の光と共に、前へ進みます。実在する知抄の光場《ひかりば》、サロン（二〇一一）入室に、感謝以外ございません。
地上で唯一の、実在する知抄の光場《ひかりば》で、多くの学びを、座すだけで頂けました。

本当にありがとうございます。

二〇一八年八月二十二日
（M・N）記

(12) ゆだんは大敵
熱中症になっちゃった

私は、七月十八日に、軽い熱中症で倒れ、右手小指を骨折し、救急車で病院に運び込まれました。そこで、問診を受けながら、検査が進んでいった時、

――こんなに　きれいな顔をして――

と、救急医の先生が、つぶやくのを耳にしました。

私は、今、七十一歳になりますが、その言葉を聞いた途端《とたん》、嬉しくなりました。知抄の光の威力によって、今、〈**魂の光**〉が顕現《けんげん》していることに、気付かせて頂き、喜びが増しました。

そして、どんどん喜びが増して、嬉しくなり、ついつい笑顔を振りまくと、病院自体が光に変わりました。お医者様も看護師さんも、皆さん変わり、楽しい空気に包まれました。物凄《ものすご》い威力の恩恵に、知抄の光と共《とも》にあることを実感し、光の源《みなもと》に讃美を捧げました。

我が魂の光を、自由に解放して頂き、光と共《とも》にあることの確信を深めて、光と化した地球に住まわせて頂きます。

右手が不自由な間、沢山《たくさん》の思いやりと、お心遣いを頂き、心強く、嬉しかったです。

ありがとうございました。

二〇一八年 八月二十五日

（H・K）記

(13) 実在する
知抄の光の威力

夏のみ住んでいた、長野県の別荘に、妹夫婦が東京より移り住んで、十七年になります。妹は若い頃より、絵を描く事が趣味で、良い師に出会い、写生旅行に同行させて頂いたりして、老後を楽しんでおりました。

自然豊かな山々に囲まれ、緑の木々、多様な植物に恵まれた地では、画材が豊富で、住まいの近くにある美術館には、故人となった師匠の絵画が、何点も展示されているそうで、それがまた良い刺激となっている様子でした。

気の向くままに描けることとは、冬季の極寒の雪の中でも、何の不自由さもなく、この環境を愛《め》でていました。

近年、電話する度に、妹が口にするのは、

――夫の介護が、大変になってきてね！

と、言う事でした。

義弟は、エンジンの研究では、博士号を持ち、引退してからは、バスの便もない地では、必須の、車の運転もしなくなって、趣味の集《つど》いにも、最近は出向かなくなっている様子でした。八十二歳の妹に、日常の全てを頼る様になり、どこも悪くないのに、歩く事もままならなくなったとの事でした。

私自身、二〇〇八年に左足の大腿骨《だいたいこつ》を骨折して以来、介護のお世話になって来ているので、何か、良いアドバイスは出来ないかと、常々願っておりました。そんな私は、うかつにも、二〇一一年には右足の大腿骨《だいたいこつ》も骨折してしまいました。手術後治療や、リハビリ施設にいる間、妹は日帰りで横浜へ、何度も見舞いに来て、私の寝たきりの状態を見て、知っていました。しかし、今、八十三歳になる私が、知抄の光の威力によって、全く以前と同じように、自分の足で歩き、電車やバスで、移動出来るまでになった事は、目にするまでは、信じ難《がた》かったとのことです。

今夏は、長野も猛暑に見舞われておりました。公共施設以外、一般家屋に冷房の設備はない状態でおれる環境です。久し振りに逢った妹は、不整脈があり、数年前に倒れて、入院治療を受けた病歴があります。

七月半ばに、妹宅を訪ねたのですが、服用している薬について

聞くと、

——夫の介護に忙しく
　自分の薬の事等《など》
気にしている暇もない——

との事でした。妹は三日目の夜、夕食後に、台所に行ったまま、床に倒れてしまいました。救急車で、それでも、八十五歳になる義弟が同行し、その後、病院から電話があり、様々《さまざま》な検査を受け、治療方針をたてているとのことで、義弟は、夜半《やはん》に、一人で帰宅しました。

医師の診断では、

——点滴治療を受け続けても
　血流が回復しないで

冷えた右手が　治らなければ
壊死《えし》した部分を　切断するしかない　――

と、告げられたとの事でした。

私は、妹宅に着いてすぐ、妹が、ＣＤが廻り続ける、デッキを最近買い求めた事を、私に話していた事を思い出し、無音にして、智超法秘伝《ちちょうほうひでん》、幸せを呼ぶ〈**数《かず》え宇多《うた》**〉のＣＤを、かけ続けておりました。

救急車のサイレンを聞き、心配して、道に出て来られた隣人が、留守番の私に、妹が搬送《はんそう》された病院名と、隣家であるご自宅の電話番号を書いたメモ用紙を、わざわざ御親切に、届けて下さいました。そして、同じ病院で御主人が入院治療を最近され、信頼出来る病院であることを、私に教えて下さいました。

翌朝、その隣家の御主人の車で、義弟は再び、病院に向かいました。私は、白樺や杉の生い茂る庭で、ひたすら、知抄の光にすべてを〈ゆだね〉入院中の妹に、光を放ち続けながら、

―― **救い主　知抄の光**

　　暗黒の　地球を　お救い下さい ――

―― **妹を　お救い下さい**

と、ひたすら、知抄の光に〈ゆだね〉、喜びと讃美と感謝を捧げながら、老夫婦のこれからの生活を、良き方へお導き頂けるよう、お願いし続けました。

どの位時間が過ぎたか不明のまま、庭のブランコに座って、光の源《みなもと》へと、〈**雄叫《おたけ》び**〉を届け続けると、木々の間に見える空が、

真昼間なのに、突然、夕焼けの様に赤く染まっているではありませんか……。

驚きながらも、嬉しくて、**知抄の光〈十字の光・吾等《われら》〉**が、最悪の事態を、回避して下さったことが、感知出来ました。

唯々《ただただ》、感謝、感謝で、嬉しくなり、青空に向かって、

―― 知抄の光

ありがとうございます ――

と、踊りたい気分で、叫びました。

幸いにも、賢明な女性医師に治療され、十日間、点滴を受け続けて、最悪の事態を回避し、妹は、無事に退院出来ました。これからのことはともあれ、一件落着に、シニア三人お互いに、ほっ

と致しました。

長野の空は青く広く、八ヶ岳の山々が峰《みね》を連《つら》ね、木々の線《ライン》に包まれての、森林浴は、日本列島の自然の息吹が感じられ、大自然への感謝が深まりました。

横浜の我が家にたどり着き、久々に見た夕焼け空の美しさに、魅《み》せられていると、空に白龍のお姿が現出《げんしゅつ》しました。

知抄先生、本当に本当に、

ありがとうございました。

二〇一八年 八月 二十九日

（O・R）記

(14)

ありがとうございます
おいしいコーヒーを　どうぞ！

八月二十五日（土曜）は、幼友達の御見舞いに、福井県に帰省しました。一緒に行った友人と病室に入ると、それまでの陰気な空気は一変しました。三人が顔を揃えると病人の顔色も多少生気を取り戻しました。抗癌剤《こうがんざい》治療による、吐き気で、御飯も十分に食べられず、痩せてやや細り、頭髪は少なくなり、容姿からは、覇気《はき》が感じられませんでした。

私は、自分が〈**光に成《な》る**〉ことを心掛け、病人の魂には、感謝・感謝で明るく楽しく過ごすようにと、語りかけておりました。

途中からは、弟を心配して、お見舞いに姉夫婦が来られ、五人になって、更に、明るく楽しい雰囲気となりました。三時間の間に、私は、光を放ち、来た時からは、見違えるように明るくなった病《やまい》の友達と笑顔で、病院を後にし、横浜へ戻りました。

八月二十六日（日曜）は、前日から息子と孫が泊まりに来ており、夕方に、息子家族全員が揃う予定になっておりました。〈**光を守らねば**〉、と思いながら、教室やサロンでのことを思い起しておりました。

最近では、お教室での、声を出しての**幸せを呼ぶ**〈**数《かず》え宇多《うた》**〉や、**光の源への**〈**雄叫《おたけ》び**〉は、最早《もはや》、自分で声を出そうとしているのではなく、常に、意識している、〈**魂からの声**〉であることが、良く分かるようになりました。また、口下手だった私が、最近、知らず知らずのうちに、〈**言葉が出る**〉のです。

帰省した時の友達との会話の中でも、誰がこんな言葉を選んで話しているのだろうか？と、自分でも不思議でした。少しずつ、〈**魂の光**〉から言葉が出て来るのだと思います。思考に走ることがないので、非常に楽に言葉が出て来るのです。私が特に、気を付けていることは、

——**利他心**《りたしん》**で話しているか？**

——**相手が楽しくなる言葉か？**


を、思っているだけなのですが、勝手に言葉が出て来るのです。

〈**魂の光を**〉解放して頂ける、知抄の光の威力に、感謝だけです。

大が付くほどの、コーヒー好きの私は、三年前から、サイフォンコーヒーから、フレンチプレスに変えました。妻は、コクがあり、

酸味の少ないコーヒーは、飲み易くて、おいしいと言って飲んでくれます。常に、おいしいコーヒーを目指して、週に三〜四回淹《い》れて二人で楽しんでいます。それと同時に、知抄先生へは、必ず別のカップに取り分けて、感謝の一杯を差し上げています。

近年、知抄先生の御尊体は、帳《とばり》の中に居る光の子等が出す、内的〈闇《やみ》〉により、大変なこと仄聞《そくぶん》しております。

知抄の光〈**十字の光・吾等《われら》**〉をお迎えして、自ら光になって、お守り致します。光を放てるようになれたこと、万感の思いを込め、感謝です。

ありがとうございます。

二〇一八年 八月 三〇日

（T・T）記

(15) 七十七歳の母
元気に若返る

最近、母が、多くの方に〈お若いですね〉、お元気ですね！と、お声がけ頂くようになりました。

二人で、毎月第一土曜日に、サロン（二〇一一）で開催される、シニア第二講座に、参加させて頂くと、母は、真っ白のお顔になり、かわいらしく幼子《おさなご》になります。

智超法気功《ちちょうほうきこう》の実技を行うと、身も心も軽やかになり、六〇兆の細胞が若返るからです。共に学ぶ、素晴らしき仲間の皆様も、魂の光がお出ましになり、キラキラと輝き、美しく、若返り、賢くなります。

母は以前、高血圧と神経痛を患《わずら》っていましたが、別人へと変容させて頂いていています。実在する知抄の光の威力に、感謝でいっぱいです。

父は、人生最後の最後で、魂の光輝《こうき》にふれ、輝いた母と共に、セミナーにも、二回参加させて頂きました。父は病人であることを、忘れるくらい、元気に過ごすことが出来て、自由に、明るく、二年も延命させて頂きました。父も母と共に、永遠に続く光の源《みなもと》への、光の道を魂で体得したことは、この上ない果報者《かほうもの》です。

私は、数年前に、☆それ行けちよさん〈ありがとさん〉のご本を読んで、魂が打ち震え、どうか全てのお年寄りの方が、ちよ女様のようになれますようにと願いました。

これから地球人類の、全てのシニアの方が、光の源《みなもと》へ向かって、

☆ それ行け ちよさん〈ありがとさん〉
2009年 発刊 たま出版 ちよ女著

永遠《とわ》に続く、光の道を、歩めることを願っております、

幼い頃より私は、神様は、胸の内にあることを信じてきたので

すが、〈智超教室《ちちょうきょうしつ》〉に出逢い、光が実在であることを知りました。

お教室やセミナーで、光を浴びて、学び、光と共《とも》にあることは、

本当に嬉しくて、至福に満ち溢《あふ》れます。

これからも、我が魂の光と共《とも》に、嬉しく、楽しく、軽やかに、

光と化した地球に住まわせて頂けるよう、私達家族が出逢った、

〈魂の光輝《こうき》への道しるべ〉、智超法秘伝《ちちょうほうひでん》の素晴らしさを、体得

したいと思います。

呼べば、応《こた》える、実在する知抄の光に、心から、

ありがとうございます。

二〇一八年八月三十一日（T・Y）記

☆お教室に出ると☆
♡身も心も
軽《かろ》やかに♡
♡色白お肌で
美しく♡
☆賢くなって☆
♡元気はつらつ
活力満ちる♡

☆新世界は知の時代
知球暦は光と共に英知の顕現《けんげん》。

(16)

知抄の光に
不可能の概《がい》念《ねん》なし！

今週は、手に金粉がたくさん出るようになって、嬉しく楽しく過ごさせていただき、どうもありがとうございました。

昨日の朝は、それに加えて、身体にははっきりとした変化が起こりました。

若い頃にずっと、足に合わないハイヒールを履《は》いていたせいか、私の両足の薬指は、くの字に曲がって固まってしまっていました。それが、なんと、両足共に、薬指が、真っすぐに伸びているのです。足の薬指って、こんなに長かったのか……と思いました。

痛みも違和感も何もなく、突然指を真っすぐにしていただいて、

―― 知抄の光に不可能の概念《がいねん》なし ――

ということは、存じ上げておりましたが、もう、不思議という気持ちを通り越して、頭が真っ白になってしまいました。

今はただ、知抄の光のお導きのままに、喜びと讃美と感謝の中で、どこまでも、どこまでも、知抄の光と共《とも》にありたいと願うのみです。

この度《たび》は、本当にありがとうございました。

これから数日間は、台風二十一号の動きを注視いたします。大きな災害にならないようにと、知抄の光にお願いしながら、光と共《とも》にあります。

二〇一八年 八月 三十一日 （S・A）記

(17) 光の地球
それは　自力救済でした

五月二十三日、横浜にある、スポーツクラブ、ルネサンスへ**智**《ち》**超法気功**《ちょうほうきこう》〉教室に、参加している時でした。少し右膝に違和感を覚えながらも、実技を致しました。

しかし、翌日から、膝に少し痛みを感じ、子供の頃から、関節が弱かったので、数年前に、膝に痛みが出た時も、医師からは、年齢から、骨が擦り切れて、尖《とが》ってきているから、仕方ないです。とのことで、しばらくすれば、治ると思っていました。

ところが、**六月**、**七月**と日増しに、今回は、どんどん痛くなり、湿布とサポーターを、医師の勧《すす》めで固定するのですが、途中から、歩く度《たび》に苦痛になっていました。着地する度《たび》に痛さは増して、駅から職場までのわずかの距離さえも、やっとこさで、たどり着く有り様《さま》でした。こんなことは、初めてのことで、さすがに五〇代になったばかりで、――何が年だからだ――ではないと、強気に、積極的に過ごすと、その数日をピークに、だんだん痛みは軽くなって来ました。

しかし、日曜日の神宮外苑フィットネスの、〈智超教室《ちちょうきょうしつ》〉に参加すると、なんと、膝が腫れていて、曲げることも、膝をつくことも、痛くて、床に座れないのでした。皆さんに、ご迷惑をおかけしてはいけないと思い、近くにおられたスタッフの方に、足を痛めていることをお伝えし、実技はしないで、出来ることのみ、共《とも》に参加させて頂きました。

　この日、お教室にいる時の、〈**知抄の光の威力**〉は、外にいる時とは全然違うことを、体感しました。お教室から一歩出ると、本当に、光に引き上げて頂いていた、数分前の自分が、もう実践が出来ていないことが、膝の痛みで、あからさまに気付かせて頂けたのです。

　何度か、スタッフのご指導を頂き、良くなってきてはいたのですが、足を曲げると、筋かなにかが、〈ビキッ〉と、音が聞こえたりするのでした。

　そうこうして、八月の日曜日、〈**天馬教室**〉で、スタッフのお方が、知抄先生からの御指示で、知抄の光の威力を直接注《そそ》いで下さり、たちどころに、右膝を治して頂きました。本当に、その威力の前に、言葉を失いました。

知抄の光は、実在の証《あかし》をお見せ下さり、目の前が金色に輝いていて、ものすごい、とてつもない、光を降ろされ、注《そそ》いで頂きました。こんなにもすごい光の中に、いつも私達があることすら〈**奇蹟**〉であると思うと、感謝のみで、全身が喜びの中でした。

この痛みは、腰からきていることを教えて頂き、いつも命門《めいもん》のところに、手をあてて、温めるようにとの御教示《ごきょうじ》を頂きました。

私は、日常生活の中で、いかに、〈**光そのもの**〉になることを怠《おこた》っていたか、本当に気付かせて頂き、恥辱《ちじょく》の涙でした。腰も今《いま》迄《まで》に何度か強打して痛めていたのです。重たい荷物を持ち、腰に負担がかかってしまうと、全くの闇《やみ》の認識がなく、

―― 闇《やみ》を切る術《すべ》！

を、セミナーで教わりながら、その秘伝中の秘伝すら、全く忘れていたのでした。

この日、教室を出ると、全身が軽くなっていて、身体がすごく喜んでいました。思わず夏空を見上げ、

——**救い主　知抄の光**

ありがとうございます!!

大声出して叫びたいのを我慢して、六〇兆の細胞全部に、響き渡るようにと、感謝の思いを届けました。

その日より、就寝する時は、その日に被った〈**闇**《やみ》〉を、知抄の光にお願いして、拭《ぬぐ》い浄めて、休むように実践しています。寝ている時も、私の肉体を支配する思考の内的闇《ないてきやみ》を、〈**魂の光**〉で照らし、寄せ付けないように、そして、〈**光の子**〉である私が、

張《とばり》の中で〈闇《やみ》〉を引き込むと、必ず、知抄様の御尊体を、痛めつけていることが判《わか》りました。

〈光の子が出す闇《やみ》は、地球の闇《やみ》そのものであり、人間は、常に〈光そのもの〉でない限り、

〇　地球を　汚し続け

〇　光の源の光を　冒瀆《ぼうとく》し

〇　救い主　知抄の光

すらも、侵《おか》し続けているという、光の源《みなもと》からのメッセージを思い出し、本当に、私は〈闇人間《やみ》〉になってはならないと、強い思いが湧《わ》き上がってまいりました。

そして、ひっそりと、市井《しせい》の片隅でお邪魔しないで静かに暮ら

せればとの、今迄《いままで》の私の既成概念《きせいがいねん》を、根底から洗い流され覆《くつがえ》らせました。

光と化した地球は、人間側で今こそ、自らの存亡をかけて、光に行くか、行かないかの、〈待ったなし〉の瀬戸際《せとぎわ》にあることが判《わか》りました。

そして、楽しく、嬉しく、翌日の月曜日に職場に行くと、ちょっとした隙を狙って、今までと違う、身体の部分が、ぎくっときて痛くなりました。

もう〈光になるのみ〉の、確信で、知抄の光を魂に掲げ、

〈ゆだねて〉いたのです。

すると、一日中、身体は軽く、嬉しくて、嬉しくて、

自分では、知抄の光に感謝を捧げていたつもりでしたが、

すぐに、

――　ありがとうございます

が出て来ないし、言えないのでした。体得します。

――　あなた年だから　――

と、日中、サポーターをして下さい、の医師の言葉通りに、すっかり治って、膝を曲げても、少しも痛くないことにも気付かず、知抄の光への感謝も一回のみで、全く感謝してないことがさらけ出されました。

それでも、知抄の光の大きな無限の愛は、いつも人類を助けようと、手を差し伸べ続けておられるのでした。光の源《みなもと》の大計画を遂行されている、地球で唯一の存在であり、天界との懸け橋である知抄先生の御尊体を、二度と、傷つけてはならないことだけは、決心致しております。

☆☆☆

光への感謝、感謝、感謝

讃美、讃美、喜び　炸裂《さくれつ》

☆☆☆

二〇一八年八月三十一日

（N・S）記

智超法秘伝《ちちょうほうひでん》

幸せを呼ぶ　数《かず》え宇《う》多《た》も

うたっちゃおっ!!

♡ 幸せを呼ぶ　数《かず》え宇《う》多《た》 ♡

1　いちに　決断　Chi-《知》 sho《抄》 の光

2　にに　ニッコリ　喜び　讃美

3　さんで　サッサと　感謝を　捧げ

4　よんで　良い子　光の子

5　ごうで　Go！　Go！　光を放ち

6　むは　無口で　実践　感謝

7　ななは　Night《ナイト》 &《アンド》 Day《デイ》　も　サラサラと

8　やあは　ヤッサ　ヤッサで　Be《ビー》 young《ヤング》

（身も心も　Be young）

9　ここは　ここまで来ても　永遠《とわ》なる学び

（謙虚《けんきょ》　謙虚《けんきょ》で　キョン　キョン　キョン）

10　とうは　トウで成る　成る　光の地球

（スーレ　スーレ　光の源《もと》へ）

喜び　讃美　感謝　スーレ

　　　　喜び　讃美　感謝　スーレ

喜び　讃美　感謝　スーレ

　　　　スーレ　スーレ　光の源《もと》へ

知抄の光からのメッセージ

新たなる闇《やみ》

知抄と☆吾等《われら》
そして　光の子は
闇《やみ》を切り
魂に光を
注《そそ》ぎ込んでいる
しかし　どんなに
闇《やみ》を　切ろうとて
自らの気付きなくば

☆地球を救い・人類を救う
知抄の光〈十字の光・吾等《われら》〉

新たな闇《やみ》を
自ら引き寄せていること
知らねばならぬ
光が　入りし時
真実が　見える
その時点にて　これを
あるべき所を知らずば
また　気付かねば
何度でも
繰り返される

第三部

地球の新生

知抄の光からのメッセージ

知抄の光

光人《ヒカリビト》を通じ
人間の背後にある闇《やみ》を
駆逐《くちく》することは
その者の本性《ほんせい》
もはや隠すことは出来ず

浮き彫りになる
自らが自らの本性《ほんせい》を
人間が知り
すべての者が知る
光への学びが
如何《いか》に必要不可欠であるか
認識するのである

①

二〇一八年七月十一日は
知抄の光が降臨《こうりん》された記念日です

光の源《みなもと》の、〈**地球を光と化する大計画**〉の、これからの階梯《かいてい》を、地球を携《たずさ》えて光の子の私達が歩めるよう、二〇一八年七月七日、岩間ホールで、**光と化した地球**〈**あなた溺《おぼ》れていませんか?**〉セミナーを、開催して頂きました。そして、救い主 知抄様と光の子は一体になり、その威力を、救い主 知抄の光が地上に降りた記念すべき七月十一日に、地球全土へと、顕現《けんげん》出来ました。

この五日間に見せて頂いた、光の源《みなもと》 創造界の、〈**実在する知抄の光の威力**〉は、まさに光の剣《つるぎ》を抜いた光の子等《ら》が、〈**光人《ヒカリビト》**〉として、知抄の光〈十字の光・吾等《われら》〉と一丸の顕現《けんげん》でした。

そして翌十二日、眠っている午前四時頃、

――光のプレゼントです――

と、知抄様から賜《たまわ》った箱の前に、私とあとお二人の、三人で平伏《ひれふ》しました。そうしただけで、私は、即〈**光そのもの**〉に変わり、光生命体《ひかりせいめいたい》としてありました。このことは、夢か現実か、全く区別が出来ないのですが、その時に、動いたり、お話ししたりすると、細胞分裂の様《よう》に、光が増す体験を、同時にさせて頂きました。そして、朝目覚めたら、身体は軽く、心身共《とも》に意識が変わっていたのでした。夢ではなく、本当に現実のことかと思うのでした。

一日の生活の中で油断をして、自らが光である確信が無くなると、午後六時頃、天(空)に、知抄様が、一瞬、顕現《けんげん》されたような気配を感じるのです。それは、微細な至純《しじゅん》・至高《しこう》な波動で、〈十字の光・吾等《われら》〉と共に、地球人類を超える、救い主 知抄の光を感知出来るのでした。

神宮外苑サマディの金曜教室では、正面の鏡の中に、知抄の光のお姿が現《あらわ》れました。教室担当の〈光人《ヒカリビト》〉が、瞬間、一気に地球人類を、光へと引き上げる威力を発揮され、知抄の光を放たれました。一瞬で教室は黄金に包まれて、そこに居る人々の顔が真っ白に変わりました。こうして、七月十三日は、教室参加者共《とも》に、光と化した、知抄の光の地球を見せて頂けました。その後、上空に黄金の光の方々のお姿が現出されました。今度は、もうお一人の教室担当者の〈光人《ヒカリビト》〉のお姿でした。

そのお二方《ふたかた》の次は、受け止めた光を、言葉《ことは》にするお役目を頂いておられる〈光人《ヒカリビト》〉が、英知をお伝えするその使命に、早速取り組んでおられ、〈光の言葉《ことは》〉が出て来ました。

八時にお教室が終わり、家路へと夜道を歩く私を、包み込むように、実在する光の方々の、温《ぬく》もりある、愛の光を感じ続けておりました。

私は生まれて初めて、〈**私を**〉、本当に守ってくれる魂を、〈**親として選び**〉、この地球に生まれて来たことが判《わか》りました。

――　**ありがとうございます**

と、思わず両親に、心からの感謝を、捧げることが出来ました。

二〇一八年七月十三日

（U・H）記

②七月七日のセミナーから
光と化した　地球が判《わか》る！

七月七日のセミナーから、**七月十一日**を超え、多くの気付きや出来事を体験しました。

まず、いつも素晴らしき仲間の詩《うた》が、ピアノ伴奏付きの大合唱で、魂の内に、何度も何度も、繰り返し聞こえるのです。すぐに私も共《とも》に魂でうたうことで、光を求める人々の魂を、鼓舞《こぶ》するお役目があるように思いました。

七月十一日前後は、特に、**七月七日**のセミナーに参加しておられなかった、地球人類すべての人々の、魂に届くように願いながらうたっていました。

一日のうちで、私が、光と共《とも》に居ない時がありますが、そのような時に、慌ててうたおうとしても、まったく、声がまともに出ませんでした。声が出ない時は、

――救い主　知抄の光

暗黒の地球をお救い下さい――

の、雄叫《おたけ》びを上げ続けることで、やっと、美しい声になりました。光と共に、うたわせていただく幸せを、ありがたく、その都度《つど》、光の子の使命を確信しました。

そして、特に、職場でのミーティングの時に、上司が何かと私の名前を呼んでは、私の方を見てニコニコしておられます。何度

見ても、ものすごい笑顔でゴキゲンです。それも、私に向かって笑っているのです。全く不思議に思うのですが、光を受け止め、変わられたのではと、嬉しくもあり、まだ見守り中です。そして同僚もみんな笑顔で、やさしく接してくれて、職場でのトラブルが起こっても、

―― 知抄の光　共《とも》に居て下さい ――

と、魂に掲《かか》げると、すぐに良い方へと、解決出来ています。現在は何一つ困った事がない状態で、楽しく、嬉しく、皆さんと仲良くお仕事が出来ます。

そして今、空に雲が浮かんでいる様子が、とても美しく、神々《こうごう》しく見えて、空を見上げて感動です。

――今日も　地球を助けて下さり
ありがとうございます――

雲間から、知抄の光〈十字の光・吾等《われら》〉の御方々が、見守って下さると思いながら、感謝・感謝で、嬉しく・楽しく・喜び振りまき、一日があっという間に、光のリズムで過ぎ去って行きます。

二〇一八年八月五日
（S・A）記

③
喜び・讃美・感謝に満ちる光の地球に住まわせて頂いています

八月十三、十四、十五日のお盆休みに、福島の山奥に住む、姉の家へ遊びに行きました。私の娘、三女の家族が行きたいという事で、私も夫と長女の高校二年生の孫を誘《さそ》い、行く事にしました。その日程に合わせて、姉の子供達三家族も、十三日、同じ日に一緒に泊まるという事になりました。

姉の子供は、長女、長男、次男の三人です。

その家族構成は、

長女夫婦　二十四歳の女の子一人

長男夫婦　小学校六年生の男の子、小四男の子、小一女の子の三人
次　男　二歳八ヵ月の男の子一人
次男の妻　二人目を出産して間もないとの事で、赤ちゃんと家でお留守番
そして私達夫婦　ジジ六十五歳、ババ六十六歳
長女の娘　高校生の女の子一人
三女夫婦　小学校五年生女の子、小一の女の子の二人
総勢、大人一〇人、高校生一人、子供六人で十七名でした
今、人里離れて山に住む姉も、かつては、神奈川県の逗子市に生まれ共《とも》に育ちました。二十三年前、子育てに区切りがついた頃、姉は、水道も無く、今でも携帯電話の電波も届かない大自然の山

奥に、二〇〇年前位に建てられた古い家を譲り受け、一人で住むことになりました。その場所は、福島県ですが山形県寄りの、豪雪地帯で、毎年五月頃迄《まで》は、雪があります。

移り住んだ当初には、二〇世帯程、山に点在する人家《じんか》がありましたが、ほとんどの世帯が村に下りて生活するようになり、今では、姉の家を含め、三世帯しか残っていません。それも、元々住んでいた地元の方達ではなく、姉のように、自由意思で各人の思いで、移り住んで来た方達です。地元の方達からも、〈秘境《ひきょう》〉と呼ばれている所です。大自然と直に向き合っての、過酷《かこく》な生活にも関わらず、姉は此処《ここ》がとても気に入っている様子で、新緑、紅葉、雪景色、三百六十五日、同じ景色の日が一日たりとも無いと、いつも嬉しそうに、四季を満喫《まんきつ》しています。

そして、人間は、

――欲で、便利さを求め過ぎたから……地球が、今、危ないでしょっ！

と、七〇歳の姉は申しました。

――身体が動かなくなったらどうするの

と、聞くと

――人間も動物だからね
動けなくなったら死ぬ時かなぁ？

と、さらっと言います。

私達一行は、十三日の日は、姉の家へ行く前に、裏磐梯《うらばんだい》で、姉の子供達と合流し、予約していた湖の畔《ほとり》で、サップに乗ったり、泳いだり、そして、バーベキューをしました。子供達は、大きい子が、小さい子の面倒を見ながら、仲良く、とても楽しそうに遊んでいました。その中でも、私の小学校一年生になる孫は、人の対応がとっても上手なのです。娘に聞いたところ、学校のお友達に対してもそのようで、学科では、算数と国語が抜群《ばつぐん》に出来るとの事でした。やっぱり、

――さすがは　私の孫！

この子は　天才だ！

なんて、思わず顔が緩《ゆる》んでしまうのです。そして、嬉しいから、自然に笑顔になるのです。それもそのはず、打ち明ければ、ママが、（ラージポンポンの時）から、お教室で、すでに胎児の時から、光を浴びて育ったからです。生まれた後も、何度も何度も、知抄の光の威力の恩恵を賜《たまわ》ってきている孫ですので、**才能が開花**

するのは、もうこれは言うまでもなく、

――あたり前のことでしょう――

と、自画自賛の中、気が付くと、大きなカメラを持った人達が、私達の行く所、行く所、さり気なく付いて来ているではありませんか。**びっくり仰天《ぎょうてん》。**なんと、福島NHKテレビが、ここへ取材に来ていたのです。

――楽しそうなので、撮影させて下さい

との事でした。

湖で遊び終わってから、車四台連《つら》なり、姉の住んでいる山の麓《ふもと》にある村の温泉に入り、暮れてから山に登り、姉の家へ着きました。

――星がきれい

の声で、皆外へ出ました。都会ではお目にかかれない満天の星空。そして、その時、流れ星が！

四十三歳の甥《おい》は、生まれて初めて流れ星を見たと、感激していました。子供達も、

――あっ、お願いするのを忘れた――

と、消えた星に願い事を追っかけて、皆大声出して大はしゃぎです。その声は、夜のしじまにこだまし、全員、幼子《おさなご》でした。大人も子供も、嬉しく、楽しく、テンションは上がりっ放し。寝静まったのは十二時をまわっておりました。

翌日は、サロン（二〇一）で頂いていた、大きな大きな見事なスイカを出して、スイカ割りをしました。スイカが大きすぎて、なかなか簡単に割れません、またまた皆で大笑いです。

（私は、心の中で、知抄先生からの御心づくしを、叩くなんて申し訳ない、割れないで良かったと、胸を撫で下ろしておりました。）ヒビが入った所に、二歳の男の子が待ちきれず、指を入れてなめ出し、また皆で、爆笑です。結局は、包丁で、きれいに切っていただきました。とっても甘く、本当においしいスイカでした。私は、星空を見上げながら、救い主　知抄の光様に、そして知抄先生にこの幸せを頂いた恩恵に、涙で霞《かす》んで見える星々に、御礼を申し上げました。

後日、福島NHKで私達が映っている団らんの姿を放映するとの事でしたが、残念ながら、山の中の姉の家には、テレビが無いので見ることは出来ませんでした。

十四日の日は、山を下りて、皆で牧場へ行きました。遊んだ後、姉達家族とはそこで別れました。その後、私達と三女家族は、予約していた那須のホテルに七人で泊まり、温泉を堪能《たんのう》しました。

翌日十五日には、午前中に出発し、早めに横浜へ戻りました。六十五歳になる夫も、子供達の楽しく遊ぶ姿を見て、いつになく穏《おだ》やかで、元々細い目を、もっと細めて、好々爺《こうこうや》になって、二人で自宅で足を伸ばしました。

行きも、帰りも、まったく渋滞《じゅうたい》に合う事もなく、最初から最後まで、知抄の光に守って頂いている実感がありました。

それは、今回の旅の間、とても自然な感覚で、知抄の光に〈**ゆだね**〉ることが出来、すべてを〈**光の御意思**〉にお願いしていたからです。

まるで、光のゆりかごの中で、お母さんの愛に満たされているような、ゆったりとして、そして絶対的な信頼と安心感で、喜びの中に常に在《あ》ることが出来ました。それでいてすべての事が、綿《めん》密《みつ》に、完璧《かんぺき》にスムーズに、喜びと讃美と感謝の威力によってなされたのです。その都度《つど》、その都度《つど》、

――ありがとうございます

と、感謝を捧げ続けておりました。

本当に楽しい旅で、今思っても、夢の中の出来事のように

――こんなことって本当のことなの？

と、思うのです。

今、光となって輝く地球、人間一人ひとりが、自立心を持って、光の源《みなもと》から戴《いただ》いている人間の唯一の武器である

――自由意思を行使し――

光を選び共《とも》に歩めば、良いのでした。そういう地球に成《な》っていることが判《わか》りました。その反面、すべての闇《やみ》が、今あぶり出されて、皆に隠《かく》しようもない事も明白になりました。光と化した地球では、絶対にごまかしが通用しなくなっております。

長い長い歳月をかけて、救い主 知抄の光様と知抄先生が、身を挺《てい》して、全き愛を、私達に注ぎ続けて下さり、大事に、大事に、ここまでに、育てて下さったからに他なりません。私達光の子が、今まさに、光の源《みなもと》、創造界に在《あ》られる、知抄の光に、すべてを捧げ、人類共通の悩みである、

――病気も、老化も、貧困も、争いも

ない、喜びと讃美と感謝に満ちる地球構築の礎《いしずえ》として、新人類の

先覚者《せんかくしゃ》として、使命遂行する時と思いました。

今、こうして、地球に、生かされている事を感謝し、もっと、もっと、地上に愛を振りまいてまいります。万物の根源、光の源《みなもと》の光に、そして、救い主　知抄の光に、感謝、感謝、感謝を捧げます。

―― スイカありがとう、嬉しいです ――

花より団子の、旅の御一行様より、確《しか》と、御礼の御挨拶《ごあいさつ》、お届け申し上げます。ありがとうございました。

二〇一八年 八月 十六日

（T・M）記

④ 本当にびっくり!!
感謝・讃美・喜び　暴発《ぼうはつ》？

今迄、六十九年間の人生を、全て世間一般の生き方とは違う生き様《ざま》をして来た兄は、私達三人家族と共《とも》に、今、同居しております。

一年前のことですが、ファミリーの誕生日にお祝いしようとした時に、

――誕生日のお祝いなんて、小さな子供じゃあるまいし、考えられない――

と言われて、少しギクシャクしていました。

二歳違いの兄弟であっても、成長してからは、色々な考え方があっても良いと、思い直し、超一流大学を途中で退学した賢い兄の言い分に、私なりに、

――**まあ、楽しく気軽に、生きて行って欲しいなっ!!**

と、救い主 知抄様に、兄の心が穏やかで、喜びと讃美と感謝に満ちる、新しい地球の変容に適応して欲しいと願っておりました。

今年の七月七日、岩間ホールで開催された、光と化した地球〈**あなた溺**《おぼ》**れていませんか?**〉セミナー後、そして、救い主 知抄の光が地上に降臨《こうりん》された、地球にとっての大切な七月十一日を経て、私の誕生日がめぐって来ました。何も言わないのに、今年は共《とも》に、**ハッピーバースデー**を小さな声で歌う兄が居たのです。

それも、にこやかに穏やかな、幼い頃、両親に見守られながら、

ロウソクの火を笑いながら、競って吹き消した、あの頃のように、優しい兄の顔でした。

私は本当に驚き、嬉しく、その夜は家族四人で楽しい一時を、共《とも》に過ごせました。

兄は、自分の事は一切、亡き母にも言いませんでしたし、私にも話しません。しかし、頑《かたく》なな心は相変わらずで、強い意思で、一人ここまで〈**自己責任**〉を、貫き通して生きて来たことを思い返すと、兄のこの変化は、私の目には考えられない奇蹟でした。

岩間ホールで開催されたセミナーの凄《すご》さも、そして、セミナーの度に、地球丸ごと進化させる、救い主 知抄の光の実在の威力は、市井《しせい》の片隅の日常の、こうした一コマを通して、地球の変容を実感させて頂けるのでした。

光の源《みなもと》 直系の御使者、 地球を救い、 人類を救う 偉大なる 知抄の光〈十字の光・吾等《われら》〉に、

―― 不可能の概《がい》念《ねん》なし ――

の威力を、 頂いた思いでした。

これからも、 人間本来の〈光そのもの〉に成り、 魂の光を顕現《けんげん》し、 知抄の光に守られ、 生かされていることを忘れず、 楽しく、嬉しく、 仲良く過ごして参ります。

ありがとうございます。

二〇一八年 八月十九日

（N・M） 記

⑤ 二〇一八年八月二十二日・水曜日
大きく飛躍した　地球を感知！

八月二十一日のことでした。神宮外苑フィットネスクラブサマディの火曜日の〈智超教室《ちちょうきょうしつ》〉で、地球を救う　知抄の光〈十字の光・吾等《われら》〉が、地球を取り囲むように、近くまで降りて下さっているのを感じました。

――いと高きところに　ホザンナ

言祝《ことほ》ぎ言祝《ことほ》ぎ～～☆～　奉《たてまつ》り給《たま》う

と、御言葉が聞こえたように思いました。

☆言葉の全部は、感知出来なかったのです。

地上の宗教の垣根《かきね》に全く関係なく、十字の光〈**地球を救う吾《われ》等《ら》が決意**〉の、知抄先生と共にある、表紙の十字のお写真を、御《み》印《しるし》として示され、

― 地球を守り　人類を守る ―

その物凄《ものすご》い、暖かい温もりある愛で、包《くる》まれているようでした。

そして、翌**八月二十二日（水曜日）**は、朝から光が増し、増して、午後から、地球が一変する程、どんどん喜びと、讃美と、感謝の威力が増して行くのが判《わか》りました。身も心も軽くなり、身体の体重が無くなったような感覚に変わる瞬間を、感知しておりました。

その夜、知抄先生とお電話で、この〈**出来事**〉について、お話しさせて頂きました。知抄の光は、必ずその証《あかし》を示されますが、

その裏づけに、言葉もなく、喜びと讃美と感謝だけでした。

☆いと高きところに　ホザンナ

のこの言葉を、あとで調べたところ、聖書に書かれている言葉でした。イエス・キリストが、エルサレムに入った時に、歓喜《かんき》した民衆が、口々に叫んだ言葉のようです。カトリック教会の公的礼拝で歌われる、〈サンクトゥス〉という、歌の一節のようです。意味は、

――どうか主よ　私達をお救い下さい――

でした。

全く宗教に関係ない、お教室で〈魂の光輝《こうき》〉を学んで来た私達には、よく判りませんが、〈十字の光・吾等《われら》〉の中に、救い主知

抄の光として、イエス様も居《お》られることは、承知していました。
それは、知抄先生が今迄《いままで》に、何度も受託されていた、メッセージで、

―― イエスも　知抄の側に居る ――

との言葉《ことは》を、賜《たまわ》っておられるからでした。それにも関わらず、宗教に全く興味のない、知抄先生でいらっしゃいましたが、N・Y写真展の御挨拶《ごあいさつ》の時に、イエス様が側に居《お》られることを、参加者は判《わか》っていました。それでも、未だに、知抄先生ご自身は、そのようなことには、一切、無頓着《むとんちゃく》で、お教室と、講座と、セミナーで、魂の光輝《こうき》への智超法秘伝《ちちょうほうひでん》を伝授され続けておられます。
それは、光の子の養成も、知抄の光〈**十字の光・吾等**《われら》〉のことも、時が来る迄《まで》、他言してはならないとの、光からのメッセージ

による、お約束があったからに他なりません。

光の子である私は、魂の光輝《こうき》を求め、二十五年間、知抄先生と共に歩んでまいりました。知抄先生は、自由人です。光の源《みなもと》、創造界の直系の指揮官としての、揺るぎもない知抄の光そのものとして一体となられておられます。

そのことを、全く外に向かって今迄《いままで》は、顕示《けんじ》されることもなさらない、只々《ただただ》、御自身の使命の大きさに実に慎重な歩みをされました。しかし、

― 時、来たり ―

いよいよ、喜び・讃美・感謝の威力を、光の子・光人を駆使《くし》して、光を求める者を、瞬間で、光へと引き上げる時を迎えたのです。
地上に降りた救い主　知抄の光を寿《ことほ》ぎ

喜び　讃美　感謝　スーレ

知抄の光　知抄の光

暗黒の地球をお救い下さい

知抄の光と共にあるこの恩恵を

感謝　感謝　讃美　讃美

喜び　爆発　♡♡♡♡♡♡❣

で、光の源《みなもと》へ捧げます。

二〇一八年八月二十二日

（H・Y）記

⑥ 地球の変革の中では人間の思考も既成概念《きせいがいねん》も通用しない

二〇一八年七月七日に、横浜の岩間ホールで開催されたセミナー以降、地上の陰と陽が、喜びと讃美と感謝の威力で統一され、人類の意識にその影響が判《わか》るようになってきています。従来の常識や既成概念《きせいがいねん》といったものが、全く適用しなくなり、光と化した地球に適応するものがその姿を燦然《さんぜん》と現《あらわ》すように、その明暗は、はっきりと鮮明になって来ました。

各界の今迄《いままで》指導者であったお方でも、この地球の変革をともに歩まねば、一歩も前へ進めなくなりました。職場に於《お》いても、上司と遅くまで残業することが当然とされていたものが、今や、ブラック企業とみなされ、セクハラ・パワハラ等、評判が逆転して見られるまでになりました。また、大手メディアの報道なども、恣意《しい》的な世論誘導は、もはや、視聴者から見放され、以前のような報道の普遍《ふへん》性・信頼性を、根底から揺るがすような、〈**脆弱**《ぜいじゃく》〉さがみられます。そして最近では、伝統のある大学やスポーツ協会でも、昔ながらの命令・強制型の価値観で、君臨《くんりん》してきた偉い方々が、光と化した地球によって、光で炙《あぶ》り出され、真の姿をすべての者にわかるように露《あら》わにされ、裸の王様状態であることに、哀れみさえ感じる時代となりました。

反面、長年、無私の心でボランティアをされてきた、名もない市井《しせい》のお方が、二歳の行方不明のお子さんを、神がかり的に救出されたニュースは、本当に、心が洗われる思いです。
このように、光と化した今の地球では、これからの人類が生きる良い手本を、身近に、具体的に、分かり易くお見せ下さっているのです。この二十八年間、知抄先生は、自ら大言壮語《たいげんそうご》して、何かをするというのではなく、まずは、自らが光の子を、知抄の光と共《とも》に養成し、自らが利他愛の実践を積み重ねられて、今日の私達が在《あ》るのです。

その無限の愛（光）の威力の輪を拡げて、二〇一八年七月十一日に、大きく地球丸ごとの、引き上げを遂行されました。

これは、四半世紀にわたり、知抄の光と共《とも》に、お教室や御本等を通して、知抄先生から、実在する知抄の光と、その足跡《そくせき》を証《あかし》として、教えて頂いて来たこととも符号します。シンプルに幼子《おさなご》の心で、知抄の光にゆだねるのみでした。

物事を難しくしているのは、他でもなく各人、自分自身の迷いや、不安・不平・不満を、思考によって自《みずか》らが出す、〈内的闇《ないてきやみ》〉のなせるわざでした。

――熱き思いで知抄の光を求め――

知抄の光　助けて下さい

と、願いさえすれば、必ず光は御応《こた》え下さいます。この私自身も、仕事や家庭、そして、自らの健康についての、多くの体験をしてきました。

――理論・理屈では判《わか》っちゃいるけど……？？？

――実行できないインテリ馬鹿……。

いざ厳しい状況に直面すると光への確信が揺らぎ、あれもこれも……と、脇見《わきみ》をして、目先の闇《やみ》を見ては、責任転嫁《せきにんてんか》をしてしまうのがほとんどで、やっと、教室に駆《か》けつけて、知抄の光を浴びると〈**光そのものに**〉なり、光の地球で目覚め、魂の光と共《とも》に歩む、喜びと讃美と感謝に満ちる光の威力を知るのでした。

常に肉体マントを纏《まと》う人間である以上、本能的に自己防衛・自己弁護してしまうのは、三次元の常です。感情や、思考に、捉《とら》われても、常に魂の光〈**本当の私である真我《しんが》**〉は、自《みずか》らが求めることで、

知抄の光の威力によって、喜びと讃美と感謝の中で、自由を得られると思うのですが……。

――これまた　思うだけで

光の河で溺《おぼ》れている私です！

あるがままを受け止め、すべてを光にゆだね、知抄の光にお願いし、魂の光を解放して頂き、光と化した地球を〈自由人〉として、羽ばたいて行きます。

七月十一日の救い主降臨《こうりん》の、記念すべき日より、ほんの少しですが、身に修《おさ》まりつゝあり、感謝感謝の日々を、知抄の光への讃美と喜びで過ごさせて頂いています。

二〇一八年 八月 二十五日

（Ｏ・Ｙ）

⑦ 七月十一日の正午（十二時）地球は変わりました

七月七日に岩間ホールで開催された、**光と化した地球〈あなた溺《おぼ》れていませんか？〉**セミナーで、地球は大きく変容しました。

そして、救い主降臨《こうりん》という、地球にとって記念すべき**七月十一日の正午**、私は、早目に昼食を終え、都内にある勤務先近くの学校の側に居ました。太陽が燦々《さんさん》と輝き、気温も高く、日陰に居ないと、熱中症になりそうな暑い日でした。正午が近づき、どこから現《あらわ》れたのか、黒い雲が太陽を覆《おお》いました。しかし、救い主 知抄の光の御名《みな》を掲《かか》げ、全てを光に、〈**ゆだねる**〉と、徐々《じょじょ》にその雲は薄まり、やがて十分位で消えて、燦々《さんさん》と輝く、太陽になりました。私は、携帯電話のカメラで、太陽を撮影し続けました。

正午過ぎの、太陽の光は、私達人間に、いつものように注《そそ》がれ、そして、魂の中にスーッと、光が入って来ることを感じました。これは、地球上のすべての人に、光が注《そそ》がれたようでした。

この**七月十一日正午（十二時）**は、知抄先生が、お逢いして、大切な時を共有しているお方がおられたのです。一ヵ月前からのお約束ごとでしたが、今日、この日、この時が、地球にとって、人類にとって、どれ程大切なことかを自覚しながら、ひたすら、知抄先生の〈**御尊体**〉を守る為に、私は〈**光人**《ヒカリビト》〉として終日ありました。人間界に降りることが大変な知抄先生が、あるがままを受け止め、万難を排《はい》して、この大切な、救い主降臨《こうりん》の二十二回目を、サロンでなく、全く想像外のところを選ばれたことが、理解しがたいことではありましたが……。すべては、知抄の光の御意思と共に、知抄の光を守り抜くことだけでした。

そして、太陽にカメラを向け、インスピレーションに従って、シャッターを切りました。

今迄《いままで》も、この記念すべき七月十一日は、実在する光の威力の顕《けん》現《げん》と、その証《あかし》を頂いて来ておりました。当日のご報告を、知抄先生に申し上げたのは、夜の十一時でした。そして、本当に、本当に、大きく地球が変わったことを、その証《あかし》を、知抄先生と確認することが出来ました。

この日以来、地球は、大きく飛躍しましたが、知抄先生を二十四時間お守りする、実在する救い主 知抄の光〈**十字の光・吾等《われら》**〉

の、光の御方々が大勢、新しく降臨《こうりん》なされました。それも、地球人類を上回る〈**地球を救う**〉天界の光が降臨《こうりん》なされました。

これまでのように、三次元の肉体マントのままでは、光と化した地球の、光の河で、溺《おぼ》れるだけです。

――人間とは何か？

☆その答えは☆

人間とは

本来光そのものである

この光の源《みなもと》、知抄の光から賜《たまわ》った、明快なお言葉は、永遠《とわ》なる、魂の光輝《こうき》への道しるべになるでしょう。

そして、人間でありながら、今の、この地球に住まわせて頂け

在《あ》ることが、すでに奇蹟であり、感謝以外にありません。

二〇一八年 八月二十七日

（K・K）記

☆ 智《ち》超《ちょう》法《ほう》秘《ひ》伝《でん》〈光《ひかり》呼《こ》吸《きゅう》〉

光を採《と》り入れ 光に戻《もど》り

光と共《とも》にある ☆

♡ 身に修《おさ》まっていますね ♡

☆あなたならどう生きる？ 第１巻

Ｐ32～ 光呼吸を実践しましょう。

“知抄 在るところ 共に 吾等あり”

知抄を守る(十字の光・吾等)

知抄の光からのメッセージ

自力救済

人々は　光を侵《おか》し続けている
過去も　今も
そして　明日の　未来も
肉体の闇《やみ》に　閉じ込めた光
光と共に　あることに
そのことに　人々が気付くまで
自分が　闇《やみ》であることに
気付くまで

光へ　向かうことも
　光の存在　すらも
　　知ることは　出来ない
地球を救うには
　好むと　好まざるに　かかわらず
人々は　厳しい選択を　今回だけは
　せざるを得ないのである
人間とは　何か？　を
　問われる
大いなる　自力救済の
　到来の時が　来たのである

あとの言葉《ことは》

光からのメッセージ
十字の光・吾等《われら》　光の源《みなもと》よりの使者
地球を光と化する　使命遂行の為に　ここに在《あ》る
知抄の光　守り抜き
地球を光と化する　知抄の使命
共《とも》に一丸と成《な》りて　遂行する
十字の光　地球を救う　吾等《われら》が決意!!

この本の表紙は、巻頭のカラー一頁写真に掲載している、サロン（二〇一二）で、二〇一三年五月五日、〈光の子・光人《ヒカリビト》〉の講座に、降臨《こうりん》された、知抄の光（十字の光・吾等《われら》）の実在の光です。

地球全土へ、〈光の子・光人《ヒカリビト》〉と共《とも》に、瞬時に、光を放ち、闇《やみ》を焼き尽くし、

―　喜びと　讃美と

感謝の威力で　―

嬉しく　楽しく

真の自由と　真の平等と

真の平和を　具現化します

そして光のお写真は、永遠《とわ》に光を放ち続ける、実在の光として、

〃本にして　本に非ず〃

―一家に一冊　赤ちゃんにもネ―

の、既刊の本についての、皆様方の体験、及《およ》び、手やお顔に出る金粉も、すべては、知抄の光の意識ある実在の証《あかし》です。

すべてを、光に〈**ゆだね**〉、光の河で溺《おぼ》れないよう、自《みずか》らが自力救済で、光生命体《ひかりせいめいたい》への変容を切望するお方には、知抄の光は必ず、その期待に応《こた》えるでしょう。

二〇一八年　九月　八日

知抄

☆御注意☆

①弟子入りしたい。
②特別指導を受けたい。
③病気を治して下さい。
④知抄先生に逢いたい。
⑤サロンに入りたい。

のお申し出は、お受けしかねますので、御承知おき下さいますよう。

〈スタッフより〉

喜び・讃美・感謝の威力　第二巻

次元上昇し 今

光と化している地球

あなたは溺れていませんね❣

2018年11月1日　初版第1刷発行
2019年 4 月8日　初版第7刷発行

著　者／知　抄
発行者／韮澤 潤一郎
発行所／株式会社たま出版
〒160-0004 東京都新宿区四谷 4-28-20
☎03-5369-3051（代表）
http://tamabook.com
振替　00130-5-94804
印刷所　株式会社エーヴィスシステムズ

ISBN978-4-8127-0425-7 C0011